KB170131

영미인다운 영어 학습

김 학 렬 지음

기원전

영미인다운 영어 학습

지은이 : 김학렬

1판 1쇄 발행일 : 2020년 2월 15일

펴낸곳 : 기원전출판사

출판등록 : 제2-495호

주소 : 서울시 송파구 토성로 38-6, 상가304호

전화 : 488-0468

팩스 : 470-3759

ISBN : 89-86408-70-6

미래는 아무도 알지 못한다.

다만 노력하는 자만이 꿈을 이룰 수 있다.

거의 모든 한국인이 영어로부터 자유로워 질 수는 없습니다. 영어는 한국인에게는 일종의 넘어야할 산인 것입니다.

수십 년 이어온 영어 학습은 암기주의의 입시 학습이었습니다. 그러나 영어는 언어이고 언어는 그 나라 사람들의 성격, 특성 등에 대한 모든 것의 표현입니다. 더욱이 농경사회인 동양인들은 유목민족인 서양인과는 생각하는 스타일과 패턴이 많이 다릅니다. 이러한 영어를 우리는 우리 특성에 끼워 맞추어 학습해 왔습니다.

서양인의 기본 머리구조는 논리적입니다. 그래서 영어를 인문계가 보는 관점을 떠나 이공계의 논리적 관점에서 꾸며 보았습니다. 물론 수학과 물리처럼 복잡한 수식을 사용하지는 않지만, 문장과 구문이 논리적인 면에, 그래서 보다 서양적(영미인) 관점에 접근해 영어 학습을 재구성하였습니다.

이 책을 출간하는 데 물심양면으로 도와준 동생 김양선과 많은 격려를 보내준 대학 동문 그리고 사랑하는 가족에게 이 자리를 빌려 감사를 드립니다.

저 자   김 학 렬

목 차

제2장 외워야 할 영어 구문

서 문

- 배움의 즐거움 -

공부를 한다는 것은 일종에 말을 배우는 것이다. 이것은 비단 외국어를 배우는 경우에만 해당되는 것이 아니고 학문을 배우는데 전부 적용이 되는 것이다. 수학이나 과학의 경우에도 우리는 수학적 언어, 과학적 언어에 대해 일단 알아야한다. 이러한 언어와 이들 언어사이의 일정한 규칙에 대한 것이 학문을 배운다는 것이다.

공부란 원리의 이해도 중요하지만 어느 정도는 외국어를 외우듯이 암기를 해야 한다. 예를 들면 곱셈의 문제를 풀기위해 우리가 그것을 일일이 이론적으로 덧셈을 반복하지는 않는다. 즉 구구단을 이용하여 간단히 푼다. 따라서 구구단은 필히 외워야 하는 것처럼 배워나가는 과정에서 외우는 항목이 많이 나온다. 배움의 어려움이 여기에 있다. 그렇지만 모든 것을 전부 외울 필요는 없다. 꼭 필요한 원리만을 중점적으로 외우면 된다. 그래서 배움이란 처음에는 힘들지만 그 과정이 넘어가면 쉬워진다. 공부를 잘 못하는 사람들은 대개 이 처음과정 즉 필요불가결한 암기사항의 언덕을 넘지 못하는 사람인 것이다. 이 책에서는 이러한 필수적인 암기사항과 그 이론적 배경을 설명할 것이다. 이 암기사항들은 반드시 외워야 그 다음 공부하기가 쉬워진다. 모든 것이 미리 일정한 과정을 고생해야 그 다음이 쉬워진다. 이것은 인생을 사는데 있어서도 마찬가지 이다.

흔히 천재와 보통 사람은 종이 한 장의 차이라고 한다. 과연 이 뜻은 무엇일까? 그것은 모든 일의 시작은 천재와 보통 사람 모두 동일 선상에서 시작했으나 천재는 계속 꾸준히 한 사람이고 일반 사람은 중도에 탈락한 사람인 것이다. 간단한 예를 들어보자.

보통 공부를 잘 못하는 사람의 습성은 책의 처음 부분만 여러 번 반복해서 보다가 포기해 버린다. 그것은 일부분이 이해가 되지 않으니까 그 부분에 집착하여 진도가 나가지 않는 것이다. 그러나 공부를 잘 하는 사람은 처음 부분이 이해되지 않은 부분이 있더라도 무시하고 일단 계속 끝까지 읽는다. 그런 후 책을 처음부터 다시 본다. 그러면 처음 읽었을 때보다 훨씬 이해가 쉬워지며 몇 번 읽다보면 책을 완전히 이해하게 된다. 또한 책읽기의 시작은 같이 했으나 공부를 못하는 사람은 책을 계속 매일 보지 않고 2~3일에 한 번씩 보게 된다. 그러면 전번에 읽은 부분의 내용이 기억이 나지 않아 다시 처음으로 돌아가게 되지만 잘하는 사람은 매일 꾸준히 보기 때문에 첫날 읽은 것이 다음날 공부하는데 도움을 주게 된다. 이렇게 계속 도움을 주기 때문에 (복리의 산법처럼)점점 내용에 대한 지식이 깊어지게 되며 결국엔 책을 완전히 이해하게 되는 것이다.

외국어와 모국어는 단어들이 정확하게 일대일 대응이 되는 것이 아니다. 그런데 보통 보면 해석이나 영작문을 할 때 외국어 단어와 우리말의 단어를 일대일 대응시킨 후 다시 문장을 조합하는 방식을 취하고 있다. 이것은 아주 안 좋은 방법이다. 역시 뇌가 쉽게 피로해지며 짜증만 나게 된다. 그래서 우리말로 옮길 생각을 하지 말고 외국어 문장 자체를 이해하고 의미 자체를 머릿속으로 그려보는 방법이 훨씬 효과적인 것이다.

노력하면 쉬워지고 쉬워지면 즐거워진다.
여기에 배움의 즐거움이 있는 것이다.

공부하는 요령: 책을 읽거나 공부하는 도중에 모르는 것이 나온다고 멈추지 말고 일단 계속 읽어 나간다. 그 후 두세 번 다시 읽다 보면 과거의 모르는 것이 자연히 이해되어 진다.

제1장 영어 배움의 기본

모든 학문은 분별에서 시작되고
말이란 분별의 시초이다.

일반적으로 영어를 공부하는 데 있어서 우리나라 사람이 가장 범하기 쉬운 나쁜 습관이 단어위주로 공부를 한 후 한글문장의 각 단어를 영어로 일대일 대응시켜 말을 바꾼 후 문법에 맞추어 영어문장을 재구성하는 것이다.

이는 근본적으로 영어 학습에 문제가 있는데

우리 **영어교육은 글자와 문장을 먼저 배운 후 듣기와 말하기를 배운다.** 그러면 문장이 이미 머릿속에 기억이 되어있어서 문장구성도 한글과 일대일 변환시켜 문장을 만들며 발음도 글자 그대로 또박또박 소리 내는 방식으로 발음을 하게 된다. 그래서 한국인이 문장 독해실력은 뛰어나나 외국인 앞에서는 한마디도 못하게 된다. 외국 어린이들은 학교에 들어가면 글자와 문장을 배우지만 실은 그 전에 이미 듣기와 말하기를 태어나면서 가정에서 배웠기 때문이다.

외국어는 먼저 듣기 다음 말하기 그리고 나서 문장을 공부해야한다(처음 영어 학습 시 1년 정도는 교재 없이 대화위주 학습필요). **듣기 ---> 말하기 ---> 쓰기**

사람의 머리는 사전학습에 의한 **각인효과**라는 것이 있다. 이것은 한 단어를 숙지시키고 비슷하지만 다른 단어를 발음해도 이미 문자로써 그 단어가 머리에 각인되어 있어서 숙지된 단어처럼 들리게 된다는 것이다.

간단한 예를 들어보자. 단어 continental경우에 우리는 이 단어를 듣거나 말하기 이전에 이미 뜻은 '대륙의'이고 발음은

'콘티넨탈'이라고 배운다. 즉 사전학습으로 이미 머리에 각인이 되어있으면 외국인이 어떻게 발음하든 우리는 각인된 '콘티넨탈'로 말하고 듣기를 고집하게 된다. 그러나 실제 외국인의 발음은 상당히 다르게 발음한다. 강한악센트가 nen에 있고 중간악센트가 con에 있어서 ti발음이 거의 죽는다. 즉 '칸니넨틀'로 발음이 된다. 그래서 올바른 방법은 단어를 모르는 상태에서 발음으로 먼저 각인을 시켜야 한다. 또한 사람의 기억력은 보는 것보다 듣는 것 듣는 것 보다 말하는 것이 기억에 더 오래 남는다고 한다.

우리말과 영어는 근본적으로 일대일대응이 안 되는 이유를 알아보기 위해 우선 말을 구성하는 방법에 대해 생각해 보자. 이것에는 크게 두 가지 방법이 있다. 한 가지 방법은 기본적인 말을 만든 후 이 기본적인 단어의 조합으로 다른 말을 만든다. 예를 들어 보면 잠옷의 경우 '잠자다+옷'에 의해 생겨난 말이다. 또 다른 방법은 가능한 독립적인 단어를 만드는 것으로 이러면 단어수가 상당히 많아지게 된다. 위의 잠옷의 경우 영어로는 pajamas라고 한 단어로 표기된다. 이래서 단순 일대일 대응이 되지 않는다.

또 다른 이유는 세계 각국에는 수많은 언어가 있고 이러한 언어들은 수천 년 내려오면서 각국의 문화와 풍토에 맞추어 형성되어 온 것이다. 그러므로 단순히 단어끼리 일대일 대응시켜 의미를 변환(해석) 시킨다는 것은 큰 오류를 범하게 되는 것이다. 영어도 마찬가지로 영어단어들 마다의 고유한 '뉘앙스'가 있다. 이러한 뉘앙스에 맞추어 문장을 구성해야 올바른 독해요 작문이라 할 수 있다. 쉬운 예를 들어 아래 두 문장의 차이를 알아보자

1. How are you

2. Nice to meet you

이 문장들의 차이가 무엇인가? 두 문장 다 만날 때 하는 인사말이지만 1은 아는 사람끼리의 인사이고 2는 처음 만난 사람간의 인사인 것이다. 이를 단순히 'meet=만나다'는 식으로 단어를 알아 가지고는 위의 문장을 구분할 수 없게 된다. 따라서 영어공부는 단어 따로 문장 따로 외우는 것이 아니라 문장을 묶음으로 하여 외우면서 단어의 뉘앙스를 익히는 것이다.

즉 **묶음**(chunking **덩이짓기**)으로써의 **공부**가 중요한 것이다. 그래서 우리가 흔히 말하는 번역은 상당히 불합리한 것이다. 그것은 번역이라기보다 변환이라고 해야 한다. 즉 한 단어씩 해석해 다시 짜 맞추기 때문이다. 아래 문장을 생각해 보자.

'What do you do?'를 단어로만 변환시켜 번역하면

'너는 무엇을 하니?'가 된다. 그러나 실제 뜻은

'너의 직업은 무엇이니?'인 것이다. 즉 덩이 전체로 해석을 해야 한다('do'동사는 동작동사로 현재형을 사용하면 반복 습관적인 의미를 갖는다. 매일 반복적으로 하는 일 즉 직업을

뜻하는 것이다.).

또 다른 예를 들어보자.

한국인은 보통 학생이 '학교에 간다.'고 하면 이것은 공부하러 가는 것이고 부모님이 '학교에 간다.'고 하면 그것은 선생님을 만난다거나 기타 직접 학교라는 장소를 간다는 의미가 된다. 그런데 영미인의 경우에는

'나(I)는 학교(school)에 간다(go).'인 경우

만약 공부하러 가면 I go to school.(school이 추상명사)

만약 학교라는 장소를 가면 I go to the school.(school이 일반명사)가 된다. the 라는 단어 하나로 의미가 확 달라진다. 즉 영어에서는 각 단어들이 어떤 품사(명사, 동사, 형용사..) 역할을 하느냐가 대단히 중요하다. 이것에 의해 문장형식이 결정되기 때문이다.

그래서 영어는 <u>품사</u> & <u>문형(문장형식)</u> & <u>어휘</u> 그리고 정확한 <u>발음</u>이 매우 중요하다.

1. 영어의 기초: 용어 익히기

동양인과 서양인은 생각하는 방식에 있어서 근본적으로 차이가 있다. 동양인은 관념적인 반면에 서양인은 구체적이다. 서양인의 이러한 구체적이고 논리적인 면이 수학과 과학이 서양에서 발달한 이유이기도 하다.

그런데 이러한 차이가 그들의 언어에서도 그대로 녹아져 있어서 동양인이 서양인의 언어 특히 영어를 배우는데 어려움을 겪게 된다. 우리는 인문학으로서의 언어인 영어가 수학이나 물리 등과는 개념이 서로 다른 전혀 상관이 없는 학문인 것처럼 생각되지만 의외로 언어인 영어도 수학이나 물리같이 서양인 특유의 논리적인 사고의 패턴에 기초해서 형성되었다. 아니 어쩌면 태생적으로 원초적 문화적 특성을 지닌 언어가 논리적 특질을 가지고 생활해 왔기 때문에 그 논리 따라 수학과 과학이 발전되었다고 보는 것이 옳은 순서일 것이다.

수학풀이에 있어서 일단 공식을 외워야 풀이가 가능하듯이 모든 배움에는 먼저 용어와 기초사항은 꼭 외워야 한다. 다음의 내용은 추후 공부에 필요한 기초 지식이다.

분류는 서양에서의 기본 방법이다.
문장의 기본요소는 단어이며 이를 분류해보자.

(1)문장 구성 요소: 단어/구/절

1)품사(단어의 용도별 분류)의 종류

  1.주간품사(문장형식 요소): 명사/동사/형용사/부사

  -명사: 사람, 사물 또는 무형의 관념을 나타내는 것

    종류 가산명사: 개수를 셀 수 있는 명사

        a book, the book, my book, many books

        불가산명사: 개수를 셀 수 없는 명사

        advice, music, tea, bread, medicine

        군집명사: 일정 집단에 대한 총칭

        family, police, people, jury

    인칭: 나(1인칭) 너(2인칭) 그 밖의 모든 것(3인칭)

  -동사: 사람이나 사물의 동작 또는 상태를 나타냄

    종류 완전자동사(완자): 목적어/보어 모두 불필요

        불완전자동사(불자): 목적어 불필요, 보어 필요

        완전타동사(완타): 목적어 필요, 보어 불필요

        불완전타동사(불타): 목적어/목적보어 모두 필요

    시제: 기본(현재/과거/과거분사(pp)),

      미래, 진행형, 완료형

    *시제변화: 현재(go) 과거(went) 과거분사(gone)

    참조)과거분사(pp)는 문장의 수동형 또는 완료형

      을 만들기 위해 사용되어지는 시제

    수동형: be + 과거분사(pp)

완료형: have + 과거분사(pp)

*미래(will shall..)

*완료: 시점이 아닌 기간의 상황을 나타냄

현재완료(have+pp): 과거에서 현재

과거완료(had+pp): 더 과거에서 과거

미래완료(will have pp)

*진행: 현재진행(be+~ing)

과거진행(be과거+~ing)

미래진행(will be ~ing)

현재완료진행형(have been+~ing)

과거완료진행형(had been+~ing)

미래완료진행형(will have been+~ing)

-형용사: 명사를 수식하거나 상태를 서술

용법   한정: a <u>beautiful</u> flower   아름다운 꽃

서술: A flower is <u>beautiful</u>   꽃이 아름답다

종류

일반형용사: 한정적 용법과 서술적 용법 모두 표현

good, bad, pretty

서술형용사: 서술적 용법만 사용가능한 형용사

sorry, glad

수량형용사: 주로 한정적 용법으로 수량을 표현

little, few, many

16

-부사: 명사 이외의 것을 수식하거나 서술함

용법 일반형용사: 한정적 용법

한정적 용법: 단어 또는 문장을 보다 더 강조

a <u>very</u> beautiful flower

매우 아름다운 꽃

2 weeks ago   2주전에

서술적 용법: 문장을 보다 구체적/특정적 표현

I live <u>alone</u>.   혼자 산다.

부가적 용법: 문장에 부가적 의미부여

I <u>often</u> take a walk.

나는 가끔 산책 간다.

종류: 시간 장소 정도(수량)

시간: today tomorrow

장소: home here there

정도(수량)

-빈도부사: often

-수량부사

-부정부사

2.결합품사: 단독으로 사용하지 못하고 다른 단어 또는 문장
에 붙어 새로운 품사(/구/절)을 형성

-조동사: 조동사+동사원형 must, may, can,

I can go home.

-전치사: (대)명사 앞에 붙어 부사(/형용사)구 형성

또는 동사 뒤에 붙어 동사구(숙어) 형성

부사구(/형용사구)용법: 전치사+명사→부사/형용사

I go to the park.   공원에(부사) 간다.

*전치사 뒤에 오는 명사를 전치사의 목적어라 한
다. 목적어에는 타동사의 목적어와 전치사의 목
적어가 있다.

동사구 용법: 동사+전치사→동사구

count on me.   나를 믿어라.

의미부여 용법

-부사는 단독으로 쓰이지만 시간관련 명사적 부
사에서 만약 특정한 의미를 표현하는 경우가
필요할 시 그에 맞는 전치사를 앞에 붙인다.

: 언제까지(by ~),

-문장에 이중목적어가 있을 경우 필요 시 구분을
위해 뒤에 오는 목적어 앞에 전치사가 오는 경
우가 있다.

-의문사: 의문사+ 의문문

명사(사람who 사물사건what/which)

What are you doing now?

형용사(명사의 형용사 용법)

which book do you like

부사(장소where 시간when 정도how 이유why)

Where are you going now?

주의)의문사를 포함한 문장이 평서문의 종속절이 될 경우에는 의문사+평서문 형태가 된다.

That is what I want. 내가 원하는 것

-접속사: 문장+접속사+문장

대등접속사(and, or, but, ,): 두 문장이 대등함

Tom sings a song and Judy dances

탐은 노래하고 쥬디는 춤추다.

종속접속사: 주절 내에 종속절이 한 품사를 이룸

1.관계대명사: who which that what

두 문장에서 주어/목적어가 같을 경우 관계사를 사용해 한 문장으로 만드는 방법. 이때 종속절의 명사(주어/목적어)를 관계사로 대치해 주절 명사(선행사)를 수식하는 형용사절이 됨

*사람: who(주격) whom(목적격) whose(소유격)

동물/사물: which(주격&목적격) whose(소유격)

양쪽 모두: that (주격&목적격) 소유격 없슴

사물: what(선행사 포함-그래서 형용사절이 아닌 명사절이 됨)

*선행사가 the~/~one/~thing/~body 는 that만 사용

<u>in(at) which</u>(관계대명사)→ where(관계부사)

This is the house + Tom lives in the house.

→ This is the house in which Tom lives.

탐이 사는 집이야 (the house: 선행사)

→ This is the house where Tom lives.

<u>on(at) which</u>→ when

I remember the day when Jane left London.

제인이 언제 런던을 떠났는지 기억해

<u>for which</u>→ why

I don't know the reason why Jack is angry.

잭이 화난 이유를 모르겠어.

중요!!!)생략 가능: '목적격 관계대명사(whom)' 또는 '주격관계대명사(who/which)+be동사'는 문장에서 생략 될 수 있다.

참조)관계대명사의 용법에는 제한적 용법(위에 설명된 것)과 계속적용법이 있다.

-계속적 용법: 1.which만 사용한다.

2.which앞에 콤마(,)를 삽입한다.

3.선행사로 문장전체를 받을 수 있고, 앞 문장의 추가설명으로도 사용된다.

2.관계부사: 전치사+관계대명사(where/when/why /how)

This is the house <u>and</u> Tom lives <u>in the house</u>.

→This is the house <u>where</u> Tom lives

(in 없어짐)

→This is the house <u>in which</u> Tom lives

중요!!!)일반적으로 형용사가 명사를 수식하는 경우에는 명사 앞에 위치한다(전치수식) 그러나 긴 문장(2단어 이상)으로 수식하는 경우에는 명사 뒤에서 수식(후치수식)한다. 이러한 경우에는 **묶음**(청킹chunking **덩이짓기**)를 사용하면 상당히 편리하다.

-I don't know the reason /why Jack is angry.

-This is the house /which Tom lives in.

-<u>the girl</u> /who loves me /<u>is pretty</u>.

(나를 사랑하는)소녀가 아름답다.

주의)한국인들은 위의 예문처럼 명사를 수식하는 형용사구가 명사 뒤에 오는 경우(후치수식)에 익숙하지 않다. 그래서 본문의 동사를 찾기가 힘들다. 위와 같이 **청킹**에 익숙하면 보다 쉽게 찾을 수 있다.

2)구: 두 개 이상의 단어가 모여 하나의 다른 단어를 표현

동사구: Don't give up　포기하지 마

명사구: to부정사구/동명사구

To see is to believe   보는 것이 믿는 것이다.

형용사구: to부정사구/전치사+명사

The woman in red is pretty

　　　붉은 옷을 입고 있은 여자가 예쁘다.

부사구: to부정사구/전치사+명사/분사구문

Physics is not easy to study.

　　　물리학이 공부하기 쉽지 않다.

3)절: 한 문장 내에서 부속적인 문장을 이룬 것.

　　명사절: that/if/whether/의문사/what

　　　　（if/whether은 의문사가 없는 의문문의 경우）

　　What Tom said is lie.

　　　　탐이 이야기한 것은 거짓이야

　　형용사절: 관계대명사/관계부사/유사관계사(as than but)

　　This is Jim who I like.

　　　　내가 좋아하는 짐이야

　　부사절

　　I am glad that Tom passes the exam.

　　　　탐이 시험에 합격해서 ~하다(기쁘다)

(2)문장의 종류

1)구조상의 문장종류

　1.단문(평서문, 주어와 동사가 1개만 있는 문장)

.주어+ 완전자동사

.주어+ 불완전자동사+ 주격보어

.주어+ 완전타동사+ 목적어/구/절

.주어+ 불완전타동사+ 목적어+ 목적보어

2.변형문

　-1.수동태: 능동태(단문: 평서문)의 변형, 목적어가 있는
　　　평서문에서 목적어를 주어로 하여 변형된 문장.

　-2.가정문: 실제와 맞지 않은 상황을 표현한 것. 평서문
　　　의 시제를 파괴시켜 가정의 상태로 변형해 만든 것

3.복문(주어와 동사가 2개 이상 있는 문장)

　-1.대등문: 두 문장이 대등한 위치. and, or 로 연결

　-2.종속문: 주절과 종속절로 이루어진 문장

　　종속절 종류

　　-명사절: 종속절이 주절의 주어 또는 목적어 역할

　　-형용사절: 형용사 역할을 하는 종속절

　　-부사절: 주절 문장에 대한 부가적 의미의 종속문장

2)의미상의 문장종류

　　*가정: -평서문에 조동사가 없는 문장인 경우 주어와 동
　　　　사 사이에 조동사'do'가 있는 것으로 간주한다.

　　　　(일반적으로 이 경우는 강조 문장이 된다)

　　　-be동사(/have동사)도 조동사로 간주

　　평서문: 주어+(조동사)+ 동사(/보어) ~

부정문: 주어+ <u>조동사+not+</u> 동사(/보어)~

의문문: <u>조동사+ 주어+</u> 동사(/보어)~

도치문: <u>부정부사(강조문구)+</u> 의문문(조동사+주어~)

1.평서문: 주어(S)+ 동사(V)+ (명사/형용사/부사)

      I have a book.   나는 책을 가지고 있다.

2.부정문/의문문

  부정문: 조동사+ not

         I do not have ~

         I can not help ~

         You are not a student.

  도치문: 부정부사+의문문(조동사+주어+~)

         Never have I heard that story.

  의문문 1.앞에 조동사+ (주어+ 동사/보어)~

         Do you have ~

         Can you speak ~

         Are you happy?

    2.의문사가 있는 의문문: 의문사+ 의문문

         What do you have in your hand?

         손에 무엇이 있니?

         주의)확실한 것과 미확인된 것을 구별해 표현

         몇 시예요?

         What time is it?

(상대방이 시계가진 것을 알 때)

Do you have the time?

(상대방 시계가 안보일 때)

3.의문사가 주어인 경우: 의문사+동사+~?

Who are you?

주의)가까이 직접 보는 대상 외에는 지시대명사
사용

Who is it? (전화상/또는 문밖 사람에게)누구
세요?

What is that?(옆 사람에게 '약간 떨어진 안
보이는 사람'을 물음) 저 사람 누구예요?

주의)의문문에 대한 대답은 상대방물음에 반복 확인
하여 확실히 표현한다.

-Don't you like music? 음악 좋아하지 않아요?

No (I don't like music.) 네 좋아하지 않아요.

(대답의 문장이 부정문이니 앞에 No 붙임)

-Mind if I smoke?   담배 피워도 될까요?

yes (I mind)   아니요. 피지 마세요.

(대답의 문장이 긍정문이니 앞에 Yes 붙임)

3.능동태/수동태: 목적어가 있는 문장에서 목적어가 주어로
되어 수동적인 표현을 나타내는 문장

*능동(평서문): 주어+동사+목적어

→수동: 목적어+ be+ 동사의 과거분사+ by+ 주어

He gave a book

→ A book was given by him

4.직설법/가정법: 이루어지지 않는 사항에 대한 희망

*종속절: 주어+ 조동사/과거(should..)+ 동사원형

If I were a bird, I can fly.

내가 새라면 날을 수 있을걸.

5.명령문: 주어 생략

Get up right now!   당장 일어나!

6.감탄문: 감탄사는 수식어구의 맨 앞에 위치한다.

what는 형용사(명사 수식),

how는 부사(형용사 수식)의 역할

예)Jane is a pretty woman.

→ What a pretty woman Jane is!

Jane is pretty.

→ How pretty Jane is!

☆☆참조: (한정적 용법의)수식품사 위치☆☆

원칙: 수식하는 단어 앞에 위치(전치수식)

예외(후치수식 경우):

*후치수식을 하는 수식 형용사(구)

-enough: 형용사인 경우는 전치수식이나

부사인 경우 후치수식임

He is not <u>brave enough</u> to fight

　　with an enemy. 그는 적과 싸울 정도로 충

　　분히 용감하지 않다.

-두 단어 이상의 긴 문장

　to부정사의 형용사 용법,

　something <u>to drink</u>　마실 것

　전명구의 형용사 용법(전명구=전치사+명사),

　the box <u>on the table</u>　책상 위의 상자

*후치수식 당하는 경우

-'~thing'/'~one + 형용사'

　some<u>thing</u> special　특별한 어떤 것

-관계사절: 주절 내 선행사+ 수식 형용사절

*부사: 일반적으로 후치수식

　단 빈도(수량)부사는 동사는 앞에(전치) be동사나

　　조동사는 뒤에(후치)서 수식한다.

　주어+ (조동사)+ 빈도부사+ 동사~

　I often go to the library.

　　　　가끔 도서관에 간다.

2. 영어의 특성: 품사의 다양성

영어는 한 단어가 여러 의미를 가지는 경우가 있고 또한 여러 품사를 가지기도 한다. 그래서 영어는 여러 단어들의 다양한 품사를 잘 파악해야 한다. 우리는 '공부를 하다'에서의 study는 타동사처럼 보이지만 타동사/자동사 모두 표현된다. sell의 경우 내가 상품을 팔기도(타동사) 하지만 상품이 팔리기도(자동사) 한다고 표현할 수 있다(feed, cook..).

예)The book sold out(= was sold out)

다 팔렸다(매진됐다).

(1)한 단어 여러 품사의 예

cook: 자동사/타동사/명사

타동사: 요리를 하다

My mom cooked a steak in the kitchen.

엄마가 주방에서 스테이크를 요리하셨다.

자동사: 요리되다, 삶아지다.

Eggs cook quickly

계란은 빨리 익는다.

명사: 요리사(주의: cooker는 요리기구임)

I want to be a cook

나는 요리사가 되고 싶다.

close: 형용사/자동사/타동사/부사/명사

형용사: 가까운

My house is very close to the park

우리 집은 공원과 가깝다.

타동사: 닫다

Close the window.

창문을 닫아.

since: 전치사/접속사 ~ until

전치사(+명사): ~이후 죽

It has been snowing since yesterday

어제부터 죽 눈이 내리고 있다.

접속사(+절): ~한 이래 죽

I have known Jim ever since he was a student.

나는 짐이 학생 때부터 알고 지냈다.

부사: 그 이후 죽

I met Joe not long since

조를 최근에 만났다.

must: 조동사/형용사/명사

조동사: 해야 한다

You must obey the rules

규칙을 따라야 한다.

형용사: 필요한

a must book   필독서

명사: 꼭 필요한 것

This agreement is a must.

합의가 반드시 필요하다.

go: 자동사/타동사/명사

자동사: 가다

I go to school

학교에 (공부하러)가다.

타동사: 견디다

I can't go this cold

이 추위에 견딜 수 없다.

명사: 가기

the come and go of the seasons

계절의 바뀜

참조)위의 여러 경우를 보아서 알다시피 영어는 말하는 사
람의 의지가 상당히 강한 언어이다. 그래서 한 단어의
경우에도 명사, 동사, 자동사, 타동사 등의 복합적 기
능을 가질 수 있는 것이다.

언어라는 것은 오랜 세월 지나면서 환경, 특색, 습
성 등에 따라 다양하게 단어들이 분화(分化)해 왔다.
영어에 있어서도 문장을 결정짓는 가장 중요한 단어는
동사인데 이 동사가 다양한 형태로 표현되었다. 즉 타
동사와 자동사 두 기능을 다 가지거나, 타동사로만 쓰

이거나, 자동사로만 쓰이는 다양성을 가졌다. 그래서 자동사가 타동사 또는 타동사가 자동사의 기능을 가지는 변칙 문형도 생겨나게 되었다.

이것은 영어 단어(구/절)는 품사가 고정되어 있는 것이 아니라 한 단어인 경우도 여러 품사를 가지게 되고 또한 단어 등의 결합 또는 방법으로 품사가 바뀌는 경우가 많다.

1. 한 단어가 여러 품사
2. 품사 변환 방법에 의거 변화(to부정사, ~ing,)
3. 여러 단어 모여 한 품사(숙어, 구, 절)

이 후에 설명하는 것은 여러 단어가 모여 한 품사를 이루는 것도 단순히 한 품사로 간주한다.

be in charge of~ 의 경우 이것이 한 묶음의 품사로서 타동사이며 '~을 담당한다.'는 뜻이다. 따라서 ~ 부분에는 명사가 와야 한다.

중요!!!)외국어 특히 영어를 공부하는데 가장 중요한 것은 단어의 **어휘**이다. 즉 많은 단어들의 정확한 의미와 사용법을 알면 된다. 영미인(원주민)들은 어려서 감각적으로 언어를 습득했기 때문에 굳이 문법이란 형식을 배우지 않아도 어휘의 습득을 통해 문장구문을 본능적으로 안다. 그러나 외국인 입장에서는 수많은 어휘를 외우는 것이 힘든 일이다. 그래서 차선책으로 문장의 기본 형식을 알면 원주민들의 말하는 사고방식에 쉽게 접근할 수 있다. 이것은 마치 수학에서 계산을 하기 위해 최소한 구구단을 외워야 하는 것과 같다. 이것이 문장 형식을 배우는 이유이고 문장 형식을 배우기 위해서는 품사에 대해 정확히 알아야 한다.

(2)품사전환 방법들

  1)to부정사: 동사→ to+동사원형,

      동사를 명사/형용사/부사의 용도로 쓰임

       명사: It is hard <u>to understand</u>.

           이해하기가 힘들다.

      주의)동사구로 이루어진 문장에서 to다음 명사가 오는 구문이 있으므로 to부정사(to+동사)로 취급 말 것.

       I look forward to + 명사 ~을 기대한다.

       It is due to + 명사   ~에 기인하다.

      참조)to부정사는 대체적으로 미래사실을 표현함

  2)동명사: 동사→ ~ing

      동사를 명사(구) 용도로 쓰는 방법

       목적어: Tom stops <u>smoking</u>

          담배피우는 것을 멈추다.

       목적구: Jim love <u>playing golf</u>

          짐은 골프하는 것을 좋아한다.

3)분사

-현재분사: 동사 → 형용사

*진행형: 동사→(be)+ 동사ing

적당히 짧은 시간 간격 내에서 지속적인 동작을 하는

행위(현재진행 과거진행 미래진행 완료진행)

What are you doing?   뭐하는 중이니?

Tom is coming here   여기로 오는 중이다.

*형용사: 동사→(be)+ 동사ing

I am starving   나는 (지금) 배가 너무 고파

-과거분사

*수동형: 동사→ be+ 동사의pp(과거분사)

능동형 문장을 수동형 문장으로 변환

I gave the book

→ The book was given by me

*과거분사가 형용사 역할(서술적 용법: be+ pp)

I am exhausted.   지쳤어.

*완료형(현재완료): 동사→ have+ 동사의pp(과거분사)

어떤 동작이 일정한 기간 내내 영향을 미치는 것

(현재완료: 과거 동작이 현재 상황에 영향 미침)

(현재완료 과거완료 미래완료)

예)I have lost my book. 책을 잃어버려 지금 없어.

참조)완료형이 필요한 이유: 아래 문장의 영작

나는 책을 잃어버렸어. 그래서 지금 책이 없어.

  -I lost my book. So I have not the book

이 두 문장을 간단하게 완료형(한 문장)으로 표현

  할 수 있다.

  -I have lost my book. (편리하지 아니한가!!)

주의)같은 형태(~ing) 다른 용도(현재분사와 동명사)

a sleeping baby 자는 어린아이 한정적 용법

  →a baby is sleeping   서술적 용법

a sleeping car 침대차   한정적 용법

  그러나 a car is sleeping은 불가(不可)

baby를 수식하는 sleeping은 현재분사로 형용사, 그

  러나 car를 수식하는 sleeping은 동명사로써 이

  경우에는 명사로써 car를 수식(한정)할 수 있으나

  서술적 용법의 경우에는 (동명사는 근본적으로 행

  위를 나타내는 '사건'이므로) 사물인 car와 동격

  이 안 되어 보어가 될 수 없다.

  a car(차: **사물**)≠sleeping(잠자는 것: **사건**)

  그런데 'His class is boring (수업이 지루해)'는

  맞는 문장이 된다.

  class(수업: **사건**)= boring(지루한 것: **사건**)

보충)'~ing'가 동명사인가 현재분사인가의 구별법

  동사~ing가 수식받는 명사에 대한 용도로 사용

되면 동명사, 아니면 현재분사.

참조)동사에서 파생된 위의 ~ing형식/~ed형식과 to부정사
를 준동사라 한다.

4)전명구(전치사+명사): 명사→ 전치사+명사

명사를 부사구(주로) 또는 형용사구로 전환

주의) 이 경우 명사를 전치사의 목적어라 한다. 그래서
만약 이 부분에 인칭대명사가 올 경우 목적격을 사용
해야 한다. -He give it to me.

참조)전치사의 목적어가 될 수 있는 명사(류)

: (대)명사/동명사/명사절(예외:if/that절은 안됨)

예)I am thinking about whether I agree or not.

Tom lives in Chicago.

탐은 시카고에 산다.(시카고에: 부사)

train for Chicago 시카고행(형용사) 기차.

주의)일반적으로 서양인들은 동사다음에 바로 인칭대명사
가 오는 것, 또한 전치사는 문장 뒤에 오는 것을 좋아
한다.

어디로 갈까요?: to where? → where to?

(단 격식인 경우는 전치사가 앞에 온다. With whom~?)

주의)'go to bed 잠자리 들다'인 경우는 'to bed'가 필
수부사가 아니라 그냥 문장 자체가 숙어동사로 사
용된 것이다.

5)종속절의 구로의 변환 규칙

　　1.접속사 생략(특별히 강조되는 것은 그대로)

　　2.주절의 주어와 같은 종속절의 주어는 생략

　　3.조동사(be동사 포함) 생략

　　4.시제: 주절과 같을 경우 기본시제(현재분사: 능동,
　　　　과거분사: 수동), 보다 과거일 경우 완료시제

　　5.주어가 다를시: to부정사 앞에 for+명사, 동명사 앞에
　　　　소유격, 분사구문은 명사 그대로

　　6.부정: 앞에 not 추가

(3)품사류(~類)

　개요)위에서 보는바와 같이 영어에는 다양한 품사 전환방법이
　　　있는데 여기서 같은 품사의 역할을 하는 단어 또는 단어
　　　들의 집합체(숙어, 구, 절)를 품사류(~類)라고 한다.

　　　예를 들어 look forward to~(~을 고대한다.)의 경우
　　　look 는 자동사이지만 뒤에 전치사가 붙어 숙어로써 타동
　　　사류가 된다. 그래서 to 다음에 동사가 오지 않고 명사
　　　(류)가 오게 된다.

　1)명사류: (대)명사/명사절/명사구(to부정사, 동명사)
　　　　　　/the+형용사

　　1.명사절: that/if/whether/의문사/what

　　　I think that Jim is innocent.

*명사절의 명사구로의 전환

-1.whether/의문사: to부정사로만 변환 가능

　　예)I don't know <u>how to play</u> the piano.

　　　<u>What to do</u> is very important.

　　　　　무엇을 할 것인가가 중요하다.

　　주의!)-'whether/의문사'(접속사)는 생략 안함

　　　　-'why+to부정사'는 사용 안함

-2.if절은 변환불가

-3.that절(접속서that과 종속절주어 생략)

　　:to부정사(미래)/동명사(과거, 습관)로 변환

　　(아래 참조)

2.to부정사

　　<u>To learn English</u> is not easy.

　　영어를 배우는 게 쉽지 않다.

3.동명사

　　I like <u>playing the piano</u>.

　　피아노치기를 좋아한다.

4.the+형용사(:복수 보통명사)

　　Non but <u>the brave</u> deserves <u>the fair</u>.

　　　용감한 자가 아니면 누구도 미인을 얻을 수 없다.

　　　→ 용감한 자만이 미인을 얻을 수 있다.

　　the brave: 용감한 사람들, the fair: 미인들

2)형용사류: 일반형용사/명사(류)/형용사절,

　　　형용사구(to부정사, 분사, 전명구)

　1.일반형용사

　　　a beautiful woman 아름다운 여인 ---한정적

　　　Jane is pretty. 제인은 예쁘다 ---- 서술적

　2.명사(류)적 형용사

　　　한정적/서술적 용법

　　　　a student bus 학생용 버스 -------- 한정적

　　　　Tom is a student 탐은 학생이다 --- 서술적

　　　수식적 용법: a/the+ 보통명사A of a 명사B

　　　　　: 보통명사A가 명사B를 수식함

　　　　a castle of a house 성(城)같은 집

　　　주의1)5살 어린이: 5-year-old-boy(year은 수식어가

　　　되어 ~s를 붙이지 않는다.) = a boy of 5 years(a

　　　는 boy 수식)

　　　주의2)ham egg sandwich: 햄으로 만든 달걀 샌드위

　　　치?(여기서 햄은 형용사 역할 하므로 명사로 취급

　　　하면 해석이 이상해짐)

　　　　→ham & egg sandwich: 햄과 달걀 샌드위치

　3.형용사절: 관계 대명사/관계 부사

　　　-관계대명사절→ 형용사절

　　　The woman (who is) in red is pretty.

붉은 옷을 입은 여자가 예쁘다.

-관계부사절→ 형용사절

The house where Tom lives is small.

탐이 사는 집은 작다(탐은 작은 집에서 산다).

참조)형용사절의 형용사구로의 전환(분사/to부정사)

-분사: '주격관계대명사+be동사+분사'인 종속절(형
용사절) 경우 '주격관계대명사+be동사'를 생략하
여 분사구로 전환 가능. 단 be동사 아닌 일반동
사 경우 관계사만 생략 후 동사~ing로 바꿈

-to부정사: 뒤에서 수식하는 형용사절인 경우 주어
또는 목적어 두 경우가 있기 때문에 이를 to부정
사로 변환한 경우 생략부분이 주어인가 목적어인
가를 잘 판단하여야 한다.

This is Tom to like me   탐이 나를 좋아해

→ This is Tom who likes me   주격

This is Tom to like me   탐을 내가 좋아해

→ This is Tom who(m) I like   목적격

주의!!!)자동사의 뒤에는 전치사가 따라온다. 따라
서 형용사절에서 자동사를 사용할 경우 전치사 사
용을 필히 확인해야하는 것처럼 형용사구로 변환
되었을 경우에도 전치사를 빠뜨리면 안 되는 경우
가 있다.

예)There are many cafeterias to eat **at**.

단, place(장소부사)를 사용 시 at을 사용 안함.

4.to부정사의 형용사적 용법

My son has no friends to play with

우리 애는 같이 놀 친구가 없다

주의)play 다음에 with가 있어야 함. 위 문장은

My son has no friends + He play with my son

5.분사(~ing/pp)의 형용사 역할

현재분사(~ing)

한정적 용법: a sleeping baby 자고 있는 어린애

서술적 용법: A baby is sleeping 애가 자고 있다.

주의)a sleeping car 침대차

: sleeping은 명사(동명사)로 car 수식

과거분사(pp)

한정적 용법: spilt milk　　엎질러진 우유

서술적 용법: Milk is spilt　우유가 엎질러지다

주의)She is gone. 그녀는 가버렸다 (be+pp의 수동

이 아니라 gone이 과거분사pp로 형용사 역할)

6.전명구(전치사+명사)

-한정적 용법: 후치수식

the gate to hell: 지옥문

women in other parts of the country:

나라의 다른 지역 여성

-서술적 용법: of+ 추상명사= 형용사.

It is of no use.   소용이 없어

3)부사류: 부사/(명사적)부사/부사절

/부사구(to부정사, 분사구문, 전치사+명사)

1.일반부사

Tom lives <u>alone</u> 탐은 홀로 산다.

2.명사적 부사(시간/장소 관련 부사: 명사이면서 부사의 품사를 가진 경우), 이 경우 (당연히)앞에 관사와 전치사가 붙지 않는다.

<u>장소관련 명사적 부사</u>

home(집으로), overseas, downtown, downstairs, upstairs, forwards, backwards, ahead, back, aboard, right, left,

예) I go home. 여기서 home은 '집으로'라는 부사이다.(그래서 앞에 'to'가 붙지 않는다)

예)I'll walk you home

너를 집으로 데려다 줄게

예)There is a toilet upstairs.

위층에 화장실이 있다.

주의)upstairs는 위층 한 곳을 단수로 나타내기도 하고 위 여러 층 복수를 나타내기도 한다.

<u>시간관련 명사적 부사</u>

tomorrow, yesterday, last, next,

this(morning), that day, every, one,

each, some, any, all, +(시간부사)

예)The ceremony was held yesterday

의식이 어제 열렸다.

주의)시간관련 명사적 부사가 부사로 쓰일 경우 앞에 관사는 물론 전치사도 붙지 않고 단독으로 사용되어지나 <u>만약 특정한 의미를 표현하는 경우</u> 그에 맞는 전치사를 앞에 붙인다.

<u>언제까지(by ~), 언제 이후(in~)</u>

when do you need it?   언제 필요하지.

I need it tomorrow   내일 필요해

when do you need it by?   언제까지 필요해

I need it by tomorrow   내일까지는 필요해

when will you finish it ? 언제 끝내?

I will finish it in an hour. 1시간 후에.

3.부사절: 이유/조건/양보/시간/장소

Jane could not eat breakfast <u>as</u> she was hurry.

급해서 아침을 먹을 수 없었다.

감정형용사+that부사절

I am glad that Tom studies hard.

탐이 열심히 공부해 기쁘다.

참조)부사절의 부사구로의 전환(to부정사/분사구문)

-to부정사: 목적/결과(so that)의 부사절

　접속사/주어(동일 시) 생략

-분사구문: 때/이유/양보/조건의 부사절→부사구

　*1.접속사/종속절 주어/조동사(be동사 포함)생략.

　참조)주어가 다를시: 생략 불가 - 독립분사구문

　*2.시제가 같을시 동사~ing(능동)/pp(수동)

　　예)As I have no money, I can't afford a car

　　→ Having no money, I can't afford a car.

　　돈이 없어 차를 살 여유가 없다.

　　(수동인 경우 being+pp가 되나 일반적으로 be는

　　생략되므로 pp가 남는다)

　　종속절이 주절보다 더 과거: 완료시제(having+pp)

　*3.종속절(구)이 주절 앞에 위치 시는 중간에 (,)를

　　뒤에 위치 시는 (,)없이 주절에 이어 쓴다.

　참조)단독분사: 분사구문이 생략용법이니까 많은 부

　　분(접속사/주어/be동사)이 생략되어, 남아있는 형

　　용사(/명사) 한 단어가 마치 문장의 보어처럼 보

　　이는 경우를 말한다.

　　예)Tom died (when he was)a student.

　　He died (when he was)young.

운동경기에서 아래와 같은 문구를 볼 수 있다.

play different!

이 경우 자동사 다음에 부사가 오기도 하지만 단독분사를 사용해 형용사가 오는 경우이다.

즉 'as you are different'의 분사구문 형식 (다른 것같이 플레이 하라)이다.

*4.인칭대명사의 분사구문 주어 사용금지.

인칭대명사(he/she/I/you/we/they)는 분사구문에서는 주어로 사용되지 못한다. 그래서 분사구문에서 주절과 부사절의 주어가 다를 경우 부사절의 주어를 생략하지 않는다고 했으나 인칭대명사가 부사절의 주어일 경우는 분사구문으로의 변환이 불가하다.

그런데 만약 주절의 목적어가 부사절의 주어와 같을 경우 주절을 수동태로 변환해 부사절의 주어와 일치시킴으로써 분사구문 변환을 할 수 있다.

예)Because Jane is smart, Tom envy her.

Because Jane is smart, She is envied by her

→Smart, She is envied by her

참조)분사와 분사구문의 차이

분사는 <u>형용사</u>역할의 동사 변형(현재분사/과거분사)

분사구문은 <u>부사구</u>역할(부사절변형: 능동ing 수동pp)

44

종합)절의 구로의 변환 정리

명사구(that절)	to부정사/동명사
형용사구	to부정사/분사(현재분사, 과거분사)
부사구	to부정사/분사구문

주의)명사절 중에 whether/의문사절은 to부정사로만 구로 변환되며 접속사는 생략하지 못한다.

주의)분사구문은 일반적으로 주절과 부사절의 주어가 같은 경우 부사절의 주어를 생략하여 만들지만 주절을 수동태로 표현할 경우 주절과 부사절 주어가 다른 것처럼 보이는 것에 주의할 것.

예)The table was made using~:

→'I made the table as I used ~'에서 부사절을 분사구문으로 만든 후 주절을 수동태로 변한 시킨 것.

예)a report generated using a scrap news

→I generate a report using a scrap news

4.부사구

부정사(위 참조)

Jane lived to be 99.

제인은 99살까지 살았다.

분사구문: 주절과 종속절이 있는 복합문장에서 종속절의 표현을 부사구로 단순화 시키는 방법(위 참조)

While I walked home, I met Jim

→Walking home, I met Jim

집으로 가는 길에 짐을 만났다.

전명구(전치사+명사)→부사구

Tom spends money on food   탐은 식사에 돈을 쓰다.

4)be동사류: 뒤에 보어(형용사/명사)수반

　-1.be동사: be/get

　　-He got promoted.　　그는 승진했어.

　-2.감각동사: look/smell/feel/taste/sound

　　-He looks pale　　그는 창백해 보여

　-3.불완전자동사: become(변화)/remain(유지)/seem(판단)

　　-He become a doctor.

5)동사류(자동사류/타동사류): 일반동사, 숙어,

　　　　결합동사(make, do, commit)+명사→ 동사구

　-1.숙어/결합동사

　　　숙어(구동사)

　　　put on your hat.　　　모자를 쓰다.

　　　I am looking forward to~

　　　　(타동사류) ~을 기대하는 중이다.

　　　I am in charge of~

　　　　(타동사류) ~을 책임지고 있다.

<u>결합동사</u>

make a fortune 재산을 모으다

do the laundry   세탁하다.

do my hair   머리손질하다.

commit an error 잘못을 저지르다

take a picture 사진을 찍다.

go ~ing: go fishing

play+스포츠(무관사)/+악기(the~)

　　play soccer   축구하다,

　　play the violin 바이올린을 연주하다.

-3.조동사류: 조동사 다음은 반드시 동사원형.

　-**강요**: must/have to(got to)/should(~해야만 한다).

　　(강도의 순서: must > have to > should)

　　must: 주로 법령이나 지시 경우/자기 자신

　　　부정: must not

　　　과거: had to

　　have to(got to): 타인에게 요구/지시

　　　부정: do(es)n't have to 뜻이 약해짐

　　　의문: Do(es)+주어+have(has) to ~?

　　should: 권유

　-**추측**: must/may/might

　　must: 강한 추측

부정: can not ~일리 없다.

may: 약한 추측. 허가

　Jim may not come back 돌아오지 않을 거 같다

-미래: will/shall

　단순미래, 의지미래

　I will do my best

-복합조동사: be about to, need to,..

　be about to

　need to

　be suppose to

-관용적 표현

　had better+원형 ~하는 것이 좋다

　　you'd better go to school

　can not but+원형 ~하지 않을 수 없다.

　I can't but hate Tom.

　　　미워하지 않을 수 없다.

영어는 **품사류**를 이해하고 **문형**(문장 형식)을 파악하면 구문 해석이 된다. 거기에 **어휘** 실력을 늘리면 영미인과 대화하는 데 충분하다.

3. 영어의 구성: 품사의 배열과 특징

(1)문장구성과 품사

 1)문장의 구성과 종류

　　개요)영어문장은 1차품사군(명사/동사)과 2차품사군(전환명

　　　사/형용사/부사)으로 이루어진다. 1차품사군은 뼈대인 품

　　　사이고 2차품사군은 피와 살에 해당하는 품사이다.

　　　1차품사군: 명사류, 동사류(자동사/타동사)

　　　2차품사군 -전환명사: 명사절/동명사/to부정사

　　　　　　　 -형용사: 형용사/분사(~ing/~ed)/to부정사

　　　　　　　 -부사: 부사/분사구문(~ing)/to부정사

*2차품사군		(전환)명사	형용사	부사
절		that/if/whether /의문사/what	관계대명사/ 관계부사	부사절
구	to부정사	명사적 용법	형용사적 용법	부사적 용법
	~ing	동명사	분사	분사구문

 1.문장요소(품어)

　　　주어(명사): 문장의 주체가 되는 것

　　　술어(동사/be): 주어의 동작 또는 상태 표현

　　　보어(형용사): be동사 뒤에 붙어 상태 표현

　　　목적어(명사): 타동사 동작의 대상이 되는 것

　　　수식어(형용사, 부사): 다른 단어(/구/절)을 꾸며줌

　　정리)위의 것을 품사별로 요소를 정리하면

　　　　명사는 주어, 목적어, (서술적 용법의)보어

동사는 술어

형용사(/부사)는 보어, 수식어

여기서 동사가 제일 명확하다,

그래서 영어 문장이 나오면 일단 동사를 찾고 동사 앞의 명사는 주어가 되고, 동사 뒤에 전치사나 부사가 나오면 그 문장은 자동사문형, 만약 명사가 나오면 목적어가 되어 타동사문형이 된다.

예)gather라는 동사는 자동사(모이다)도 되고 타동사(모으다)도 된다. 아래 예문을 보자.

The crowd gathered in the park.

:군중들은 공원에 모였다.- 동사 다음 전치사이므로 <u>자동사</u>

Tom gathered his toys.

:탐은 그의 장난감을 모았다.- 동사 다음 명사이므로 <u>타동사</u>

이렇게 영어의 모든 문형은 크게 2가지로 분류할 수 있고(자동사문형, 타동사문형) 그것을 잘 분류하려면 각 단어(구, 절)가 가지는 기능 즉 품사를 잘 파악하여야 한다.

☆☆참조: 준동사가 있는 이유 ☆☆

위에서 보듯이 다른 품사들은 문장 내 여러 요소들로 사용되는데 동사의 경우는 <u>한 문장 내 1개만 있을 수</u>

있다(대등 접속사를 사용한 문장의 경우는 각기 다른 문장으로 봄). 그래서 기본 동사 이외의 동사는 'to+/~ing/~ed' 등의 변형을 통한 준동사를 사용하여 다른 품사(명사/형용사/부사)의 표현을 가능케 한다.

준동사: 동사원형에 변형(to부정사, 동명사, 분사)을 주어 명사/형용사/부사의 역할이 가능하게 하는 방법

*to부정사(to+동사): 명사/형용사/부사

*동명사(동사~ing): 명사

*분사(현재분사~ing/과거분사~ed): 형용사

    (분사구문): 부사구

예)John began to enjoy playing the guitar.

    존은 기타 연주를 즐기기 시작했다.

    (동사가 '시작하다/즐기다/연주하다'가 있는데 began은 본동사, enjoy는 to부정사, play는 ~ing기법을 사용하였다.) ....☆☆

1차품사군인 동사'think'를 생각해 보자. 'think'는 자동사이며 또한 타동사이다. 그래서 각각에 대하여 뒤에 따라오는 2차품사군이 달라진다. 자동사인 경우에는 뒤에 부사(전치사+명사)가 수반되어야 하므로 전치사'of' 또는 'about'가 따라오나 타동사인 경우에는 that명사절이 따

라온다.

I can think of an idea <u>자동사</u>

어떤 아이디어가 생각나다.

I think that you are right <u>타동사</u>

네가 옳다고 생각해

이렇게 영어는 각 품사 간에 짝을 맞추는 것이 중요하다. 준동사인 to부정사, ~ing, 전치사+명사 등의 구문은 2차품사군의 복잡한 절의 문장을 간편하고 확실한 구의 문장으로 바꾸는 수단인 것이다. 어떤 2차품사군이 따라오는가에 따라 1차품사군의 사용이 달라진다는 것에 유의하자.

(2)영어의 여러 특징들

1)문장의 규칙

-.시제의 일치: 실제 사실적 시간과 문장에서 표현하는 시간은 일치하여야 한다.

-.수의 일치: 주어의 단수 또는 복수의 표현을 동사에까지 적용해 구별시킴. 따라서 주어가 3인칭 단수인 경우에는 동사에 ~(e)s를 붙인다. Tom goes to school.

2)문장표현의 특징

-.영어 단어(/구/절)의 표현에는 일반적 표현과 구체적(세분화) 표현이 있다(a와 the).

-.영어 문장 앞에는 주로 일반적인 것, 단순한 것, 또는 강조될 것 등이 오고(대명사it 또는 인칭대명사 등) 뒤에는 복잡하고 길고 구체적인 문장이 온다(주로 명사절/to부정사구/동명사구/부사구 등).

-.이미 사용한 단어는 반복사용하지 아니하고 대명사 또는 다른 동의어를 사용한다.

-.누구나 알고 있는, 대화 당사자 간에 알 수 있는, 대화상 중요하지 않은, 불특정한 단어들에 대해서는 생략하여 되도록이면 문장을 단순하고 함축적으로 표현한다.

-.영어는 무생물/관념 등을 주어로 사용할 수 있다. 우리는 보통 동물 특히 사람을 주어로 사용하는 데 익숙해져 있는데 영어에서는 인칭(사람)비인칭(사물/사건)전칭(사람/사물/사건 모두)이 얼마든지 주어가 될 수 있다.

  Today is hectic   오늘 좀 바쁘네.

  *그래서 영어는 수동태를 능동태만큼 많이 사용한다. 사물 등이 주어를 하거나, 주어의 동작 또는 상태를 표현할 경우 등에 수동태 표현을 한다.

(3)영어 구문의 특징

1)영어는 일반적(개괄적) 표현과 구체적(특정적) 표현이 있다.

  1.동사의 종류

    영어는 결론적인 것을 먼저 말하는 언어이다. 주어 다음에 동사가 바로 오고 그 이후에 추가적인 설명이 뒤 따른다. 'I go' 라는 문장을 보면 내가 어디에 가는지, 누구와 가는지 또는 무엇 때문에 가는지에 대한 것이 중요한 것이 아니라 '나는 (지금 서있지 않고) 간다.'를 표현한 것이다. 즉 일반적 표현이며 그래서 구체적 내용이 추가하지 않아도 문장이 성립된다. 따라서 이 경우에는 내가 어딜 가는지 언제 가는지 등의 다양한 말이 선택적으로 이어질 수 있다. 이런 동사를 자동사라 한다.

반면에 동사 뒤에 꼭 명사인 목적어를 수반할 경우 이를 타동사라 한다. 우리가 볼 때는 같은 '말하다'의 say와 tell이지만 say는 자동사라 홀로 쓰이고 tell경우에는 타동사라 뒤에 목적어를 수반한다(tell me).

또한 영어의 특징의 하나인 품사의 다양성 때문에 한 단어가 자동사도 되며 타동사도 되는 경우가 있다. 이때 이 동사가 타동사로 쓰이냐 자동사로 쓰이냐에 따라 그 의미가 확 달라질 수 있다. 예를 들어 설명해 보자.

아래 문장을 비교해 보자(타동사와 자동사 둘 다 가능).

leave Seoul.   타동사-서울을 떠나다.

leave for Seoul.   자동사-서울로 가다.

전치사(for) 하나로 의미가 정반대가 된다.

reach London.   타동사-런던에 도착하다.

reach for a pen.   자동사-펜을 잡다(손을 뻗어).

아래의 경우는 자동사만 되는 단어들이다.

depart from Seoul for London 자동사-서울발 런던행

arrive in London.   자동사-런던에 도착하다

위에서 본 것과 같이 자동사 뒤의 명사는 그 앞에 전치사를 수반하며 뒤의 명사를 전치사의 목적어라 한다.

☆☆**중요**!!!: 전치사의 목적어가 필요한 이유 ☆☆

타동사 다음에는 꼭(**필수**) 명사가 와야 하고 또한 제한적인 단어가 와야 한다. '좋아한다(like)'라는 타동사 뒤에는 반드시 **누구**라는 (구체적)인칭명사가 따라온다. 반면에 '간다(go)'라는 자동사 뒤에는 명사가 따라오지 않고 그 뒤에 추가 설명이 요구되는 경우 **선택**적으로 명사가 따라오는데 이 경우 타동사의 목적어와 구별하기 위해 전치사를 사용해 '전치사+목적어'형태를 갖게 된다. 만약 전치사가 없으면 자동사와 타동사 구별이 되지 않는다.

타동사: I study using a video player.

      (using~:목적어) 나는 비디오 플레이어 사용하는 것을 <u>연구한다</u>.

자동사: I study by using a video player.

      (by~:부사) 나는 비디오 플레이어를 사용<u>해 공부한다</u>.

55

2.영어의 선호 표현

서양인들은 논리적이고 확실한 것을 좋아하기 때문에 구체적인 표현을 선호한다. 영어에서 구체적인 표현을 할 경우에는 특정적이고 한정적인 단어가 첨가된다. 이러한 구체적인 표현을 위해서는 한정적 표현과 서술적 표현이 있다. 한정적 표현(한정어)은 주로 명사의 앞에서 그 명사를 구체화하고, 서술적 표현(보어)은 동사 다음에 위치해 추가적인 특정 표현을 해준다. 이를 위한 것들이 바로 형용사, 부사이다(2차품사군).

위와 같이 영어는 크게 자동사와 타동사를 사용하여 문장이 이루어지는데 단순히 자동사와 타동사 두 가지만 가지고는 인간이 표현하려고 하는 모든 것이 힘들기 때문에 불완전동사라는 특수 동사를 추가 사용한다. 불완전동사는 단독으로는 문장 구성이 안 되므로 주격보어 또는 목적격보어를 추가시킴으로서 문장을 완성시킨다. 이러한 보어자리에 들어가는 단어는 형용사(류)이다. 그래서 자동사는 동작을, 불완전자동사(be동사+형용사)인 경우는 상태를 주로 나타낸다.

보충)'cook'은 3개의 품사(자동사/타동사/명사-요리사)를 가지고 있다. 자동사인 경우는 단지 지금 하는 행위 즉 '요리한다.'를 나타낸다. 반면에 타동사로 쓰일 경우 '어떤 음식을 요리한다.'라는 특정한 요리가 꼭 수반되어야 하는 즉 목적어가 꼭 필요한 것이 된다.

'move'동사의 경우

-자동사: 이사한다.   move in the house

만약 in이 없는 경우라면 타동사(옮기다)가 되어
move the house: 집을 (들어?)옮기다??라는 이상
한 문장이 된다.

품사와 마찬가지로 문형에 있어서도 한 단어가 한 문형
에만 사용되지 않고 여러 문형에 다양하게 사용되므로 주
의하여야 한다.

언어라는 것은 개인의 의사를 타인에게 전달하는 수단이
다. 따라서 어떤 수단과 형식을 사용하여야 자신의 의사가
정확하고 확실하게 전달될 수 있느냐에 따라 각 나라 언어
의 특징이 있는 것이다. 그것은 그 나라의 역사와 풍토에
따라 언어의 형식이 다르게 변화될 수 있기 때문이다.

2)동사의 표현은 <u>동작과 상태</u> 2가지이다.

1.같은 상황 다른 표현

-.호텔 안내데스크에서 직원에게 호텔 예약했다는 사실을
알려주고 싶을 때 두 가지 방법으로 표현할 수 있다.

I have a reservation.

I made a reservation.

여기서 have는 현재 예약된 상태임을 나타내는 것으로
현재형으로 표현하였다. 반면에 make는 과거에 행한 동

작을 말하는 것이므로 현재가 아닌 과거(의미상으로도 과거가 타당)를 사용한 것이다.

-.이와 같이 상태를 나타내는 동사는 현재시제로 표현 가능하다(단, 진행형으로는 표현하지 못한다). 반면에 동작동사인 경우는 현재 시제로 표현하지 못하고(현재 진행형으로 표현 가능) 습관 반복적 동작일 경우에만 사용 가능하다. 상태는 대개 수동적(들리다) 의미, 동작은 주로 능동적(듣다) 의미가 된다.

　　*I am thinking about her 그녀에 대해 생각 중→동작

　　*I think about her 그녀에 대해 생각하곤 한다→상태

　　 think는 문장 상 의미에 따라 상태 또는 동작을 표현

　　*We have a lot of snow at winter

　　 have는 주로 상태, get은 주로 동작

-.동작문장을 수식할 때는 부사, 상태문장을 수식하는 경우에는 형용사가 쓰인다.

　　*따듯하게 입어라(동작): dress warmly

　　*따듯하게 입었냐?(상태): Are you dressed warm?

-구별하기 힘든 동사들: have/get/take

　have: 상태동사/ get(누가 하든): 구체적 행위

　/take: 일반적 동작

　　예)have a seat: (의자가 준비된 상태이니)앉아요.

　　 get a seat: (행위-의자를 가져다)앉아요.

take a seat: (여러 의자 중 골라)앉아요

2.상태동사의 대표적 표현 방식: be+ 보어(형용사/명사)

　　cook은 동작동사이다. 그런데 '그는 요리를 잘한다.'
　　인 문장의 경우에는 상태를 표현한다. 그래서 'He cook
　　well'이라 표현하기 보다는 'He is a good cook'로 be동
　　사를 사용해 상태를 표현한다.

3.상태동사로의 변환

　-1.사(使)동사

　　　타동사의 목적어는 (타)동사의 행위에 대한 목적물이
　　다. 그런데 목적물이 인칭인 경우에서 목적어가 동사의
　　동작을 하게끔 주어가 시키는(주어가 목적어로 하여금
　　어떤 동작을 하게하는) 표현이 있다. 이러한 타동사를
　　사(使)동사(그리고 사역동사)라 한다.

　　　-.사(使)동사: 완전타동사에서 주어가 '목적어가 동
　　　　사의 동작을 하게 시키는' 형식. 즉 목적어가 ~<u>하</u>
　　　　<u>게</u> 주어가 <u>시킨다</u>.

　　　-.사역동사: 불완전타동사에서 주어가 '목적어가 목
　　　　적보어의 행위를 하게 시키는' 형식

　　　보충)사동사(S+V+O): S가 'O가 <u>V의</u> 동작을 하게' 함
　　　　사역동사(S+V+O+C) S가 'O가 <u>C의</u> 동작을 하게' 함
　　　*.사동사의 경우 '목적어가 동사의 동작'을 하므로
　　　　타동사의 목적어에 사람이 온다. 그래서 동사는

주로 감정적/개인적 표현이 사동사에 많이 있다.
예를 들어 설명해 보자.

영작문제1)'나는 결혼한 상태이다.'

풀이)한국어로 결혼한 상태에 대한 표현은 일반적으로 '나 결혼했어.'라는 과거형을 사용한다. 그러나 영어는 '결혼하다'라는 동작동사를 현재시제를 사용하면 습관 반복의 의미(반복적으로 결혼?)가 되어 사용불가하다. 또한 '결혼하다'는 타동사이기 위와 같이 목적어 없이 사용되지 못한다.

그래서 위의 경우 영어다운 표현은 수동태를 사용하는 것이다. 수동태는 상태동사로 표현되고 목적어 자체도 주어로 되기 때문에 논리상 하자가 없다.

*나는 결혼한 상태이다: I am married.

영작문제2)그런데 아래 문장의 영작을 생각해보자.

'나는 Jane과 결혼했어.'

풀이)통상적인 한국적 사고로 영작을 하면

'I married Jane'이 되며 동작동사이므로 과거를 사용했고 타동사라서 목적어도 있어 결점 없는 문장이라고 생각된다. 즉 위의 결혼한 사실에 대한 능동 표현이 되는 것이다(한국적 생각으로는)

*Jane was married (by me)

→ I married Jane

그런데 사실은

<u>marry</u>라는 동사는 사(使)동사 즉 '~하게 하다'라는 의미를 갖는 동사이다.

그래서 결혼했냐는 수동형 문장의 능동형은

'I married Jane'가 아니라

'My father married me to Jane'

'아버지는 나를 Jane와 결혼하게 하셨다'이다.

이것을 수동화하면

'I were married to Jane (by my father).'가 되고 현재형(상태를 나타내므로 가능하다)으로 쓰면 'I am married (to Jane)'가 되는 것이다.

이러한 형식에서 제일 유명한 말은 영국의 엘리자베스여왕이 말한 것일 것이다.

I am married to England.

나는 영국과 결혼하다.

(여기서 by England가 아닌 to England임에 주의)

참조)사(使)동사는 주어가 인칭(사람)목적어에게 동사의 동작을 하게 하는 것(동사의 실제 행위자는 목적어이고 - 내가 결혼하는 것이다)이다. 따라서 이 문장을 수동태로 바꾸면 목적어가 주어가 되어 동사의 동작을 하는 것이 된다(표현 형태는 수동형

61

이지만 의미는 평서문). 그래서 동사의 과거분사는 형용사로 품사전환이 되는 것이다.

예)The class bore me 수업이 나를 지루하게 해

　　　→ I am bored　　　　나는 지루해

　　　→ The class is boring 수업은 지루한 것

여러 경우의 예를 들어보자.

나를 지루하게 해 → 지루해: I am bored

나를 피곤하게 해 → 피곤해: I am tired

나를 겁나게 해　→ 무서워: I am scared

나를 놀라게 해 → 놀랐어!: I am surprised!

주의)be+~ing형인 경우 (시제 관련)진행형 또는 동명사 역할을 한다. 그래서 '나는 지루해'의 경우 'I am boring'(나는 지루한 것이다)라고 하면 틀리고 The class is boring(수업이 따분해)가 맞게 된다.

중요)그래서 분사(현재분사/과거분사)표현 단어 중에는 형용사로 품사 전환되어 사용되어지는 것이 많이 있다. bored, excited ..

*과거분사(pp)와 현재분사(ing) 사용법

 사(使)동사인 경우

　-과거분사(pp)가 사용되는 경우:

　　1.인칭주어의 보어로 사용: I am excited

2.인칭명사를 한정적으로 수식하는 경우

bored students 지루한 학생들

-동명사는 대부분 비(非)인칭(반드시는 아님)

The game is exciting 흥미로운 것이다.

참조)be+~ing형이 진행형인 경우에는 보다 현실적
인 강조: I am starving 지금 현재 무척 배고파

(I am starved.   배고파)

*.불완전타동사의 수동형으로 표현하는 경우

'I allowed him to go out'

나는 그가 밖으로 가도록 허락했다.

→ 수동형: He was allowed to ~

주의)여기서 가주어를 사용해 'It was allowed
for him~'의 문장이 될 수 있을 것 같으나
allow는 불타동사로 가주어형식이 불가하다.

-2.동작동사의 상태동사화의 예

일반적으로 동사는 동작을 나타낸다. 반면에 be동사
문형은 대체로 상태를 나타낸다. 그래서 동작동사를 상
태동사로 표현하기 위해 be동사로 수동태를 만들어 상
태를 표현한다.

My car is maintained every month

매월 차 정비해

→I maintain my car every month

타동사의 반복 동작 표현(현재시제)

(반복 동작이므로 현재시제 사용가능)

여기서 상태를 표현한 문장 경우의 예를 보면

My car is painted blue

파란색으로 도색되어있다(상태 표시).

→I paint my car blue(이 경우 능동표현이
되어서 동작을 나타내므로 현재시제 불가-
습관 또는 반복이 아니므로-그럼 어떻게?
이 경우에는 완료시제로 표현 가능)

→I have painted my car blue(과거로 표현하
면 과거에 푸른색으로 도색했는데 지금은
아닐 수도 있어 정확한 표현이 안 됨)

이렇게 동작을 나타내는 타동사를 상태로 표현
하기가 힘들다. 그래서 영미인들은 간단한 방법
즉 수동태를 이용하여 타동사의 상태를 표현한
다.

즉 'I have painted my car blue'인 문장보다
'My car is painted blue'가 편하다.

(4)문장의 구문

1)제1품사군(명사/동사): 문장은 주부와 술부로 나뉘고 술부
는 특히 술어로 자동사(/be동사+보어)와 타동사로 특징
지어 진다.

　　문장= 주부+ 술부

　　　주부= 한정어+ 주어

　　　술부= 술어+ 수식어

　　　　술어: 동사, be동사(류)+서술어(보어)

　*영어문장은 기본이 1차품사군으로 이루어진다. 그 뒤에
필수적 항목이 수반되면 타동사, 선택적 항목이 수반
되면 자동사이다.

　　*필수 목적어(명사): 동사의 목적어

　　*선택 부사(전치사+명사): 전치사의 목적어

1.목적어로 올 수 있는 것: 타동사의 경우 목적어로 인칭
(사람), 비인칭(**사물/사건**), 전칭(全稱 사람/사
물/사건 모두)이 온다.

-1.사물(비인칭 非人稱)/사람(인칭 人稱)

　-.타동사의 목적어는 <u>동사에 따라</u> 사물(비인칭)이 오
는 것이 있고 사람(인칭)이 오는 것이 있다.

　　사물-steal a book from me /explain it to me

　　사람-rob me of a book

　-.수여동사: 보통 타동사의 목적어는 사물(비인칭)이

되지만 인칭을 수반하는 경우(2개의 목적어)가 있다. 이 경우의 타동사를 수여동사라 한다.

*수여동사: 주어+동사+목적어+전치사+인칭목적어

　　→ 주어+동사+인칭목적어+직접목적어

*'나는 그에게 책을 주었다'를 영작하면

　I gave the book to him(to him은 부사)

그런데 영미인들은 일반적으로 간단하며 대표적인 언어 즉 대명사를 앞에 사용하는 경향이 크다. 그래서 인칭대명사가 앞에 오는 것을 선호하여 누구에게 무엇을 한다는 식의 직접화법을 사용한다. 따라서 목적어가 2개인 수여동사인 경우 인칭대명사를 먼저 쓴다.

　I gave the book to him→ I gave him a book

*다른 재미있는 예를 들어보면

　Jane boiled me. 제인은 나를 삶았다. ????

　-직접목적어가 없으면 내용이 이상해진다.

　Jane boiled me some tea

　　　　나에게 차를 끓여 주었다.

　　(tea는 불가산명사-단수표현-이어서 한정어가

　　붙지 않지만 일부 수량사는 앞에 붙을 수 있

　　음 - 나중 참조)

다른 예)I wish a merry Christmas <u>to her</u>.

→ I wish her a merry Christmas.

I buy a car <u>for her</u>.

→ I buy her a car. 그녀에게 차를 사주다

Can I get something <u>for you</u> to drink?

→get you something to drink 마실 것 줄까?

주의)일반적으로 수여동사를 완타형식으로 표현할 경우 전치사를 to를 사용하나 buy/get/make(보통 행위를 하는데 시간이 걸리는 경우)인 경우에는 for를 사용 한다.

주의)수여동사 중에서 '동사+인칭목적어+해당인칭 소유격'을 사용 시에는 '동사+간접목적어+직접목 적어'형식만을 사용한다.

예)envy you your~: 너의 ~을 질투한다.

-2.사건(구/절): 일반적으로 명사류는 주어/보어/목적어로 사용되나 준동사(동사의 명사화된 동명사와 to부정 사의 명사적 용법)인 경우에는 주어 또는 보어의 사 용 시에는 구분 없이 사용하나 목적어로 사용 시에 는 각각 사용되는 동사가 다르다.

-.완전타동사에서 수반되는 목적어가 '사건'일 경우

: that명사절/동명사구/to부정사구가 사용됨.

<u>that</u>절: 인식동사, 제안동사

-인식동사: I think that~

-제안동사: I suggest that~명사절

<u>준동사구(to부정사/동명사구)</u>: 동사에 따라 부정사 또는 동명사 수반하는 경우가 나뉜다.

I want to be a teacher.(to부정사)

I enjoy playing golf.(동명사)

2.주어로 올 수 있는 것: 영어는 우리와 달리 주어로 사람/ 사물/사건 모두(전칭) 올 수 있다.

아래 타동사의 2문장을 비교해 보자.

　1.He stole my money　　그는 돈을 훔쳤다.

　2.He robbed me.　　　　그는 나를 훔쳤다???

같은 '훔치다'는 의미를 가졌지만 steal의 문장은 완전한데 rob의 문장은 불완전하다. 즉 보충어가 필요한 것이다. 그래서 문장을 다시 쓰면

　3.He robbed me of money　나에게서 돈을 훔쳤다.

즉 rob동사는 목적어를 2개를 가진다.

아래 문장을 다시보자.

　4.He robbed the bank.　그는 은행을 털었다.

어?? 이 경우는 보충어 없어도 성립이 되는데??, 이것은 뒤의 'of money'가 생략되었기 때문이다(영어의 특성상 뻔히 알 수 있는 것은 되도록 생략하기 때문이다). rob은 사람(또는 사람이 있는 장소)을 수반한다.

이렇게 비슷한 의미의 문장에 목적어가 하나인 단순

한 문장(steal)이 있는 반면에 두 개의 목적어를 요하
는 문장(rob)도 존재한다. **그 이유는?**

우선, 1번 구문은 가장 원시적인 표현이다. 즉 훔친다
는 단순한 명제에 대한 구문은

　'**인칭**주어+훔치다(steal)+**사물**목적어'

반면에 2번 구문의 경우는 복잡하고 다양한 구문에 사
용된다. 영어의 특색 중에 하나가 사람만 주어로 하지
않고 모든(전칭 사람/사물/사건)것이 주어로 가능하
다. 그래야 표현이 다양해진다. 대신 비인칭이 주어로
사용될 경우 목적어로 인칭이 온다. 따라서 2번 구문
은

　'**전칭**주어+rob+**인칭**목적어+전치사+직접목적어'

약간은 복잡하지만 대신 표현이 훨씬 풍부해진다.

　Homework robs children of health.

　　　숙제는 어린아이들의 건강을 빼앗아 간다.

또한 서양인들은 문장 앞부분을 되도록 간결하게 표현
한다. 그러다 보니 문장 앞부분에 (인칭)대명사를 위
치하는 경우가 많다(문장 앞에 가주어를 사용하는 것
과 유사). 그래서 타동사 뒤에 직접목적어 대신 인칭
대명사가 바로 오고 이 경우 단어순서가 바뀌게 되어
직접목적어가 뒤로 가게 된다. 이때는 앞의 인칭대명
사와 구분하기 위해 직접목적어 앞에 전치사가 수반된

다(즉 이 경우 직접목적어는 전치사의 목적어가 아닌 앞 타동사의 목적어이다).

이와 같이 전칭(모두)을 주어로 사용하면 표현이 훨씬 간결해 진다. 'cost'라는 단어의 예를 들어보자

상황: 차를 $10000에 산 경우

한국: 나는 차를 &10000 주고 샀다.

I paid $10000 to buy the car

영어: 차 사는 데 $10000 들었다.

The car cost(ed) $10000 - 간결!!하다.

잠깐 쉬어가기!

미국에서 영어 단기과정을 이수할 때 호텔에 머물고 있었는데 아침에 주차장에 나가보니 어떤 차가 내차 앞에 주차하여 차를 뺄 수가 없었다. 이 상황을 후론트에 여러 단어를 써 복잡하게 설명했더니 담당자가 한참 듣다가 딱 5단어로 상황을 표현했습니다. 무엇일까요?

Some cars block your car?

이 말 듣고 우리끼리 하는 말 '영어 참 쉽네!!'

2)제2품사군(전환명사/형용사/부사)

　1.to부정사

　　-1.명사적 용법

　　　-완전타동사의 목적어/불완전타동사의 목적보어로 사용

　　　-주어 또는 불완전타동사의 목적어로는 잘 사용하지 않

　　　으며 대신 it을 사용한 가주어/가목적어 형식 사용.

　　-2.형용사적 용법: 명사의 뒤에서 후치수식

　　-3.부사적 용법: 본문에 대한 목적/결과/원인/이유

　　　목적: He brought a TV to watch TV dramas.

　　　　　　　그는 TV를 샀는데, 드라마 보려고(목적)

　　　결과: Tom grew up to be a doctor.

　　　　　　　탐은 자라서, 의사가 되었다.(결과)

　　　원인: I am glad to hear that news

　　　　　　　나는 기쁜데, 그 뉴스를 들어서(원인)

　　　이유: She must be brilliant to meet that goal.

　　　　　　그녀는 똑똑한데, 목표를 달성한 거보니(이유)

　2.ing구문

　　-1.명사적 용법(동명사): -주어 또는 목적어 자리

　　　-전치사+동명사=부사구/형용사구

　　　　형용사에서 파생된 전치사: worth+ ~ing

　　-2.형용사적 용법: 현재분사/진행형

　　　: I stand watching him

-3.부사적 용법: 분사구문: 부사절 → ing이용 부사구

3.that절 구문

 -1.명사적 용법

   -it을 사용한 가주어/가목적어 형식

   -인식술어(인식/감정/생각/신뢰: 동사, be+형용사)

    : 뒤에 that명사절 또는 전명구 온다.

   .인식형용사: Tom was aware that she is innocent.

   .인식동사: I know that Seoul is the city of Korea.

     (객관적 사실인 경우 완전타동사로 that명사절, 주

     관적 사실인 경우는 불완전타동사의 목적보어로

     'to be 보어': I believe him to be honest.)

   -가정법 술어: 술어 다음에 that절이 수반되며 이 경우

     that절은 'should+동사원형'(should생략 가능)

   .가정법형용사: 가주어it를 사용하는 제안 등에 대한

     형용사 뒤에는 동사원형 수반하는 that절이 온다.

     예)It's important that you be here.

   .제안동사: 완타형식의 목적절 'should+동사원형'

     예) I suggested that he (should) work hard.

       (3인칭 단수-he-인데 work에 s 안 붙임)

 -2.형용사적 용법: 관계대명사로 후치수식

   This is the girl who(m) I like.

4. 영어의 형식

개요) 1차품사군과 2차품사군을 연결시켜주는 것이 바로 문장형식이다. 1차품사군의 특성에 따라 2차품사군이 정해지며 그것이 문장의 형식으로 나타난다.

따라서 영어의 모든 문장은 아래 형식을 따른다.

주어+동사(술어)+대상어(객어)+보충어

여기서 동사와 대상어가 상관관계를 갖는다.

-.대상어가 없을 경우 동사는 완전자동사(완자형식)

-.대상어가 주어와 같을 시 불완전자동사(불자형식)

이때 대상어를 **보어**라 한다(동격 또는 주어수식).

Tom is a doctor.(Tom≡ a doctor)

Jane is pretty.(Jane≡ pretty Jane)

-.대상어가 주어와 다를 경우 완전타동사(완타형식)

이때 대상어를 **목적어**라 한다.

Tom has a book.(Tom≠ a book)

-.대상어가 목적절인 경우 불완전타동사(불타형식)

이때 대상어는 목적어+목적격보어

주의!!)문장형식을 동사 종류에 따라 구분하였음. 따라서 기존 문법서에서는 수여동사를 사용한 문장이 4형식이고 불완전타동사의 문장이 5형식이나 이 책에서는 수여동사를 완타형식(기존3형식)에 예속시켰다.

(1)문장형식(문형)

　개요)품사와 문장요소(품어)의 연관 관계

　　1.주어와 목적어는 명사(류) 사용

　　　단, 명사절에서 if는 주어 불가

　　　　완전타동사는 목적절로는 that절만 사용

　　　　불완전타동사는 목적절로 명사절 사용불가

　　2.보어(주격&목적격)는 형용사류(/명사류) 사용

　　　단, 형용사절은 보어로 사용불가(후치수식만 가능)

　　　목적격 보어에 명사절 사용불가

　　　(사실 명사류도 형용사적 용법을 사용한 것이므로

　　　넓은 의미로 보어는 형용사류만 사용되는 것임)

　　3.명사구가 긴 문장일 경우 to부정사구와 명사절은 주격/

　　　목적격에 대해 가주어/가목적어를 사용한다.

　1)완자형식: 주어+ 자동사+ (부사/전명구)

　　1.주어+자동사가 완전한 문장이고 필요시 부사(보충어: 일

　　　반부사, 전명구)가 따라온다.

　　　I promise.　　　　　　약속해

　　*특정 전치사 수반 자동사

　　　Look at the door　　　문을 봐

　　　Tom lives in London.　탐은 런던에 산다.

　　2.대명사(/유도부사) 구문: 영미인들은 문장 앞에 대부분이

　　　면 짧고 단순한 단어, 뒤에 복잡하고 긴 구/절을 사용

한다. 이것이 주로 (인칭)대명사 유도부사들이 앞에 오며 가주어형식이 되는 이유이다. 그래서 유도부사 또는 가주어를 사용해 변형된 완자형식을 만들 수 있다.

-장소부사(there): There is a house there

　　　　　　　저기에 집이 있다.

　　(앞의 there는 의미 없는 유도부사, 뒤의 there가 문장 내 의미 가짐)

-대명사it: It seems that Tom is honest.

　　　　　　탐은 정직한 거처럼 보인다.

　　　　It seems that he is rich

3.어휘

　-완전자동사: grow rise begin commence

　-특정 전치사 수반동사: listen look

　-가주어: be/seem

　-유의 동사: go/come

　go와 come인 경우에는 둘 다 자동사이지만 go는 단순히 간다는 일반적 표현(불특정)이고 come은 구체적으로 말하는 사람 쪽으로 간다는(특정동사) 것이다. 아래층에 있는 엄마가 위층에 있는 아들에게 내려오라고 하면 아들은 'I am coming'(나 가요)라고 표현한다.

참조)모든 문형에 추가되는 선택적 보충어는 문장을 보다 상세히 특정적으로 부가 설명되는(설사 반대의미가 부여되더라도) 부사류이다. 아래 예를 보자.

He worked little.   (거의)일을 하지 않았다.

위 문장에서 'little'를 생략하여도 문장성립은 되고 의미도 통한다. 그런데 'little'를 첨가하면 문장이 (거의)반대의 의미를 갖는다. 이렇게 기존 문장을 구체적이고 좀 더 특정적으로 내용을 추가하는 경우에 사용되는 경우이다. 물론 선택부사는 없어도 문장이 성립된다.

선택부사는 문장을 보다 다양화하고 풍부하게 표현하기 위한 수단이다.

*I accused Tom <u>of theft</u>. 탐을 절도죄로 고소했다.

누구→Tom을, 무엇→절도죄로(<u>구체적</u>)

*I went to school by bus at 7am with my friend to study english ...

(이 문장에서 I went 이외에는 전부 선택부사이다.)

2)불자형식: 주어+ be동사류+ 주격보어+ (부사/전명구)

개요)주격보어가 필요한 이유: 문장은 주부(주어)와 술부(술어)로 나눠지고 주어는 문장의 주체, 술어는 주어의 행위와 상태를 서술하는 것이다.

동사는 행위의 동작을 주로 나타낸다. 따라서 상태를

주로 나타내는 형식이 필요하고 그것이 형용사(보어)를 이용한 서술적 용법이다.

주의!!!): be동사는 의미가 2개이고 각각에 따라 문형이 다르다. (있다)는 완전자동사형식이고 (~이다)는 불완전자동사형식이다.

*완자형식(있다): 존재(장소)

I think, therefore I am

나는 생각한다, 고로 나는 존재한다.

The pen is on the desk 펜이 책상 위에 있다.

(on the desk: 장소부사)

*불자형식(~이다): 서술적 표현

Jane is pretty 제인은 예쁘다

(pretty: 형용사)

(가능한)형용사류(/명사류-한정적용법이 가능한):

형용사(형용사/현재분사/과거분사)

형용사구(to부정사구/전명구)

명사(구)(명사/to부정사구/동명사)

명사절(that/if/whether/의문사)

1.형용사

-형용사: She is pretty.   예쁘다

Jane looks pale.   창백해 보이다

go bad   상하다

come true   실현되다

grow dark   어두워지다

참조)형용사만 주격보어 가능한 동사류:

keep get go stand lie

감각동사(look smell taste sound feel)

-현재분사: I am starving   배고파

참고)He stand watching a TV   서서 TV보고 있다.

=He stand and He is watching a TV

즉 일종의 분사구문

-과거분사(완전타동사인 사(使)동사의 수동형)

: I am bored

주의)be동사는 주어와 형용사(보어)를 연결시켜주는 역할(등가=, 꽃=아름다운)을 한다. be동사 다음에는 형용사가 따라오는데 형용사는 일반형용사(한정적/서술적 두 용법 다 가능)와 서술형용사(한정적 용법이 안 되고 서술적 용법만 가능한 형용사) 두 종류가 있고 이것들이 be동사(류)의 보어로 사용 시 어감이 달라진다.

서술형용사는 be동사 사용 문장과 be동사류 사용 문장의 의미가 비슷하지만 일반형용사인 경우는 의미가 다를 수 있다.

서술형용사(sorry): I am sorry≡I feel sorry

일반형용사(bad): bad Jim≡Jim is bad

≠Jim feels bad

2.형용사구

-to부정사구(주격보어로 to부정사가 오는 동사)

: seem/appear/prove/turn out

예)Jim seems to be rich. 짐은 부자처럼 보인다.

이 경우는 완자형식'It seems that Jim is rich' 문장을 불자형식으로 바꾼 것이며 이런 동사들의 사용 경우 'to be'는 생략 가능하다. 단 'to be+형용사'에서 형용사가 alike/alive..등 서술형용사가 사용되는 경우는 생략 불가

참조)목적격보어에서 to부정사 사용 경우 원형동사를 사용하는 동사(사역동사)가 있는 것처럼(나중에 불타형식 참조) 불자형식문장의 주격보어 중 to부정사가 원형동사를 사용하는 것이 있다.

: 절 형태로써 'the only thing, the first thing, the next thing, the last thing, What I have to do, All(단수 취급)' 등이 주어로 올 때 be동사+to부정사(명사적 용법)에서 to가 생략 가능

예)All Tom does is (to) study.

탐이 하는 것은 오직 공부하는 것이다.

참조)Jane is to meet me at 2 이 문장에서 'be to'

는 will과 같은 의미로 사용되었다.

제인은 2시에 나를 만날 예정이다.

-전명구: -Jane is like her mother 엄마 닮았다.

(전치사like+명사mother: 형용사 역할)

-This is worth 10 dollars.

이것은 10불의 가치가 있다.

주의)전치사로 전용될 수 있는 형용사

: worth/near/next/round/opposite/like

3.명사(구)

-명사(주어와 보어는 등가=관계)

: I am a teacher. (I = a teacher)

-to부정사구: My dream is to be a doctor.

-동명사구: My job is teaching english.

(주의: My job is english teacher은 틀림

My job사건 ≠ english teacher사람)

4.명사절

-that절: The truth is that Jim is innocent.

참조)영어에 있어서 be동사가 차지하는 중요도는 매우 높다. 영어의 동사는 상태 또는 동작을 나타낸다고 했는데 be동사가 상태를 나타내기도 하며 또 진행형을 만들어 동작도 나타내는 유용한 수단이다. 그래서 영어 문장에서 의외로 진행형(동작동사의 경우)을 많이 사용한다.

또한 be동사류의 동사(get 등)들을 활용해 다양한 표현을 만들어 내는 것을 알 수 있다

참조)부사(류)로 전명구 또는 that부사절이 필수적으로 따라오는 특별 형용사: 감정형용사/인식형용사.

-감정형용사: grad sorry

-인식형용사: aware sure

참조)유도부사인 there가 문장 앞에 사용되면 따라오는 명사는 일반적 표현의 한정어를 사용한다(따라서 특정적 한정어인 경우에는 유도부사를 사용하지 못한다).

There is nobody there. 그곳엔 아무도 없다.

*일반적 표현: a, some, any, no, nobody

*특정적 표현: the, this, my, 고유명사

5.어휘: *감각동사(look..)

*keep remain run stay

*become get go fall come grow turn

*보어가 to부정사: seem appear prove

3)완타형식: 주어+ 타동사+ 목적어(명사류)

개요)목적어가 필요한 이유: 전치사의 목적어에서 설명하였듯이 타동사는 **필수**적으로 명사를 수반하여야 하고 이것이 목적어인 것이다.

(가능한)<u>명사류</u>: 명사, 명사절(that)

명사구(to부정사구/동명사구)

1.(명사절)<u>that</u>절을 수반하는 동사: 자신/타인 관련 표현

　*(**인식**/생각/신뢰)타동사: 자신에 관련된 표현

　　주어+ 완전타동사+ that명사절

　*(**제안**/요구/명령)타동사: 타인 관련 표현

　　주어+ 완전타동사+ that+ (should)+ 동사원형

　예) I suggested that Jim (should) <u>study</u> hard.

　　　(3인칭 단수-Jim-인데 study에 s 안 붙임)

2.(명사구)<u>to</u>부정사구만 따르는 동사(주로 미래의미):

　I want to be a doctor.

3.(명사구)동명사구만 따르는 동사(주로 과거의미):

　I enjoy playing piano.

　참조)want: 목적어가 꼭 필요한 타동사

　wish/hope: 타동사/자동사/명사로 다양하게 쓰임

　　목적절인 경우 that절을 사용

4.양쪽(to부정사/동명사구) 다 사용 가능 동사

　-양쪽 다 사용 가능 경우: 문장 내용이 미래인 경우는

　to부정사를 사용하고, 과거의 의미일 경우는 동명사

　를 사용한다.

　예) 오늘 밤 그 회의에 참석할 <u>것을</u> 기억한다.

　　→ I remember <u>to attend</u> that meeting tonight

　어린 아이였을 때 ~<u>했던 것을</u> 기억한다.

→ As a kid, I remember ~doing

5.수여동사: 목적어가 2개인 완타형식

예: I wrote a letter to him

→ I wrote him a letter.

6.어휘(유의동사)

take/get: take는 (내가) 직접, get은 일반적

*take him to the school:

그를 (네가) 학교에 데려다줘

get him to the school:

그를 (어떻게 해서든) 학교에 데려다줘

*take a taxi: 택시 타

get a taxi: 택시 잡어

*have a seat 자리에 앉아(자리가 준비됐으니 앉아)

take a seat 자리에 앉아(여러 의자 중 골라 앉아)

get a seat 자리 가져다 앉아

타동사구: 타동사구(특정전치사수반)+명사(목적어)

-look forward to + 명사

-be eligible for + 명사

-be capable of + 명사

참조)타동사의 목적어에 (인칭)대명사를 선호하여 사용하면
문장이 불완전해지는 경우가 많다. 따라서 보충어가 따
라올 수밖에 없는 경우가 된다. 이런 표현은 보다 적극

적 행동을 나타낸다. 아래 예를 보자.

1.I tapped his shoulder.

2.I tapped him.

위 문장에서 1번 문장은 단순히 '나는 그의 어깨를 두드렸다'라는 문장이다. 그런데 2번 문장은 무언가 불완전한 문장이다. 즉 **그를** 두드렸지만 명확한 부위가 없다. 그래서 이 문장을 다시 쓰면

3.I tapped him on the shoulder.

이때의 'on the shoulder'가 보충어이다. 이를 1문장과 비교하면 1문장은 단순 물리적으로 두드림의 행위를 한 것이고 3문장은 의미(감정)가 부여된 보다 적극적인 행동을 나타낸다. 이렇게 영미인들은 인칭대명사를 문장 전반부에 위치시켜 보다 적극적인 표현을 한다.

4)불타형식: 주어+ 타동사(류)+ 목적어+ 목적격보어(형용사)

　개요)불타형식에서 목적어 이후 문장을 목적어에 대한 형용사절로 보면 '목적어(주어)+ who/which+ be동사+ 형용사'형식이 되고 여기서 'who/which+ be동사'는 생략 할 수 있으므로 목적어+ 형용사'와 같은 형식이 되는 것이다.

　I had my hair (which was) cut.

　　　(cut는 과거분사 역시 같은 cut이고 과거분사가 형용사 역할을 한 것임)

(가능한)목적격보어: 형용사/명사,

형용사구(to부정사/분사)

1.일반 형용사류: 형용사, 명사(형용사용법)

-형용사: That made Jack angry(~Jack is angry).

그것이 잭을 화나게 했다.

-명사: Jane makes Tom a hero(~Tom is a hero).

제인은 탐을 영웅으로 만들다.

2.준동사: to부정사(형용사적 용법)/분사

-사역동사(make have let): 원형부정사, 과거분사

*to생략(원형부정사)

Judy has Jack (to) do a laundry.

(~Jack do a laundry) 세탁하라 시키다

*수동이 되는 경우 과거분사

I had my hair cut (my hair was cut)

머리를 깎았다.(cut 현재=과거=과거분사)

*자신에 대한 표현을 강조하기 위해 목적어에 재
귀대명사를 사용하는 경우가 있다.

예)Let me introduce myself to you.

주의)동사'let'는 수동형이 불가하며 대신 'allow'
를 사용하여 수동형으로 변환한다.

-지각동사(hear,,): 원형부정사, 현재분사

*to생략(원형부정사):

Did you hear Jim sing a sing.

*현재분사: 사람보다 사건에 주안점

I saw her entering the office.

그녀가 사무실에 들어가는 것을 봤다.

참조)현재분사(ing)를 목적격보어로 사용하는 것

: 지각동사, find, keep, leave, get

참조)to부정사는 미래의 뜻을 내포하는데 사역동사
나 지각동사인 경우 '~을 시켰다' 또는'~을 보았
다'와 같이 과거시제의 의미를 포함하므로 (사역
동사나 지각동사는)to를 생략하게 되는 것이다.

-준사역동사: 사역동사의 의미이지만 목적보어에 to가
생략되지 않는 경우(get help).

get: I got Jim to prepare for lunch

점심을 준비 하게 하다

참조)불완전 타동사에서 준사역동사 get 경우
(사동사의)과거분사를 목적격보어로 사용해 문
장을 보다 적극적인 행동(구어체)으로 나타낸
다.

-사역동사(get)+사(使)동사: 목적격보어

: 'get (oneself, something) pp(과거분사)'구문.

(oneself, something은 생략가능)

Let's start

→Let's get (something) started 구어체

get (myself) dressed   옷 입어

get (ourselves) married 결혼 했어

I got (myself) promoted 승진 했어

help(주의!!) help동사의 경우 목적격 보어의 to 부정사에 to가 생략도 되고 사용해도 된다. 또한 목적어가 인칭으로 명백히 아는 사람인 경우 생략 할 수 있다.

예)Jane helps (me) study math.

　　수학공부를 도와주다.

help동사 경우 목적격 보어에 ~ing가 올 수 없다.

그러나 아래 숙어의 경우는 예외이다.

　　cannot help ~ing

-인식동사: to부정사를 목적격보어로 사용가능(목적격보어에 'to be'가 오는 경우 생략 가능).

I thought John (to be) kind.

참조)인식동사가 3형식에 쓰일 경우 that절 수반

-기타동사: 목적격 보어의 to부정사에 to가 사용된다.

I want you to go there.

　　나는 네가 거기를 가기를 원한다.

3.대명사 사용: 불타형식에서도 대명사를 사용해 앞의 문장을 간결하게 한다.

-.가목적어: make find think believe consider

　　목적어구가 긴 경우 가목적어it을 사용하고 (진)목
　　적어구는 뒤로 이동한다.

　　예)I found <u>it</u> difficult to solve the problem.

　　　문제풀기가 어렵다는 것을 알았다.

　　　(to solve the problem: 목적어구)

주의)to부정사가 목적격보어인 경우 문장 상 이상이 없
　　어도 대명사를 가주어로 하고 목적보어인 to부정
　　사구를 진주어의 형식으로 표현할 수 없다.

　　예)I allowed you to eat certain foods.

　　→ You were allowed to eat~ (수동형)

　　('It was allowed for you to eat~'은 불가)

-.목적동사구(구동사): 대명사 사용에 주의

　　언어에 있어서 단어의 구성은 두 가지로 생각할 수
　있다. 첫째는 기본단어를 구성하고 이 단어들의 조합
　으로 새로운 단어를 만드는 것이고 두 번째는 독립된
　단어를 많이 가져가는 것이다. 한국어의 '잠옷'은 첫
　째 경우로 '잠자다+옷'이지만 영어의 pajama는 두 번
　째 경우이다. 최근 들어 미국인들은 첫째 경우를 선호
　해 기본동사+부사(전치사)=동사구를 실생활 대화에서
　많이 사용하고 있다. 완자/불자/완타형식에서는 동사
　구(구동사)로 사용되지만 불타형식인 경우에는 목적동

사구로 타동사+목적어+목적보어로 된다.

예)He turn it down(turn+ <u>it is down</u>).

주의)목적어가 명사일 경우에는 그 앞 또는 뒤에 올 수 있으나 목적어가 <u>대명사인 경우에는 반드시</u> 타동사와 보어 사이에 대명사가 위치해야 한다.

(간단한 것을 먼저!).

예)He turn off the radio.(=He turn the radio off)

*it 사용 시: He turn it off

4.어휘(유의동사)

have(동사원형)/get(to부정사)

have: 돈을 주거나 그럴만한 사람에게 시킴

get은 요청/부탁, 회화체로 캐주얼한 표현

예)I have my hair cut   (돈 주고)머리 깎았다.

☆☆참조)<u>복잡한 문장의 수동태</u> 만드는 법 ☆☆

수동태란 목적어를 주어로 바꾸어 표현하는 방식이므로 목적어가 있는 완타형식/불타형식 문장에서 가능하다. 단순히 목적어가 1개인 경우에는 통상적인 방법으로 변환하나 복잡한 문장의 경우는 주의를 요한다.

원칙: 능동태(평서문)에서 생략된 단어들이 수동태에선 살아난다.

능동태: 주어+타동사+목적어+보충어

→수동태: 목적어+be동사+과거분사+보충어+by주어

1.수여동사: 주어+동사+간접목적어+직접목적어

 →간목+be동사류+과거분사(pp)+직목+by 주어

 →직목+be동사류+pp+전치사(to/for)+간목+by주어

 I was told that you're ill 아프다고 들었다.

2.사역동사(불타형식): make만 수동가능

 →목적어+be동사류+pp+to+목적보어문장+by주어

주의)목적보어가 과거분사인 경우는 수동태불가

3.지각동사(불타형식): 모두 수동태 가능

 →목적어+be동사류+pp+to+목적보어문장+by주어

주의)목적보어가 현재분사/과거분사인 경우는 수동태에 to be+현재분사/과거분사로 표현되나 to be는 생략해도 된다.

4.구동사(동사구): 주어+동사+전치사+목적어

 →목적어+be동사류+pp+전치사+by 주어

5.완타형식의 목적절: 완타형식의 목적어가 절(동명사절/to부정사절/that명사절)인 경우 수동태가 되면 주어가 길어지는데 영미인은 이것을 싫어하므로 가주어(it)사용을 사용한다(단 동명사절인 경우는 가주어 사용을 하지 않는다.)

 →It is +pp +by 주어 +명사절

참조)영어문장에서는 의외로 수동태를 이용한 문장이

많이 있다.

1. 단어에 반대되는 의미를 가진 단어의 경우 그 단어의 수동태를 만들어 사용함으로서 언어 확장을 시킨다. tell(말하다) <--> be told(듣다)

   예) I tell the story 나는 이야기 하다.

   →I was told that you're ill 아프다고 들었다.

   질문) '전화 왔어요.'를 영작하시오

   답) You are wanted on the phone.

2. 부사절이 있는 구문에서 주절과 종속절의 주어가 다를 경우 주절의 구문을 수동태로 변환시켜 종속절을 분사구문으로 전환시킬 수 있다.

5) 시제와 가정법 형식

 <u>시제</u>: 개요) 시제의 종류

   시제는 정해진 한 순간을 뜻하는 <u>시점</u>과

   일정한 시간적 흐름을 뜻하는 <u>기간</u>이 있다.

   *중요) 시제문장은 각각에 맞는 시간부사 또는 시점/기간을 잘 구분해서 적절히 사용해야 한다.

   *시점: 현재 과거 미래, since+시점, when

    기간: 진행형 완료형, for+기간, while

   *기본시제: 현재 과거 미래

    완료시제: 현재완료 과거완료 미래완료

진행형: 현재진행 과거진행 미래진행동사의 시제

1.시제 종류

-1.현재/현재진행형/과거

-.동작동사는 현재시제로 표현이 불가(습관/반복의 동작은 가능)하므로 지속적 동작(기간)을 나타내는 진행형을 사용하거나 상태를 표현할시 수동형을 사용한다(진행형의 경우 우리 생각에는 현재 진행되는 행위를 말하는 것으로 이해하는데 영어에는 과거나 미래에도 진행형 구문이 있으니 이해가 힘들다).

I am looking at her.

The machine was not working, so~

과거에 기계가 고장 났고 그 상황이 계속 됐다는 것
-상태동사는 현재진행형이 없고 현재시제를 사용한다.

be동사 사용 구문(불자형식)은 (주로)상태를 나타낸다.

*동작동사: 현재진행형(현재시제는 반복습관인 경우만)

*상태동사: 현재시제(진행형 표현불가)

-우리말에 '너 결혼 했냐?'는 질문은 과거시제를 사용해 과거에 결혼해서 현재 유부남(여)인가를 묻는 것이다. 그러나 영어에서는 현재시제를 사용한다. 그래서 과거에 결혼해서 현재의 상태가 유부남(여)인가를 묻는다. 만약 영어에서 과거시제를 사용해 물어 봤다면 과거 시점에 대한 질문이므로 결혼한 경험이 있냐는 질문이 된

다. 즉 과거시제의 경우에는 현재는 이혼했는지, 아직 결혼 상태인지 등에 대한 정확한 정보전달이 되지 않는다.

-영미인들은 현재시제가 직설적 표현이라고 생각하기 때문에 존대의 의미일 경우에는 과거시제를 사용한다.

예)Would you do me a favor. 부탁 좀 들어주시겠어요?

-현재 이루지 못한 사항들에 감정 표현을 과거시제를 사용해서 표현 한다: 가정법

예)If I studied hard, I could pass the exam.

공부를 열심히 했다면 시험에 합격했을 텐데.

-현재 불합격된 사항에 대한 감정표현

-2.미래를 나타내는 여러 표현들:

현재시제로 표현(확정적 사항, 시간/조건의 부사절),

미래조동사(will/be going to/be about to~),

현재진행형, 미래진행형

-.현재시제는 (거의)확실한 사실, 진리, 격언 등에 사용된다. 그래서 거의 확실한 미래 사실을 표현할 경우에는 (약간의 불확실성을 띈)미래시제 대신에 현재시제를 사용한다.

* (미래사항을 현재시제로 표현)

The meeting begins after 2 hours

회의는 2시간 후에 시작할 것이다.

*시간과 조건의 부사절(미래사항을 현재시제로 표현)

If it rains, I won't go on a picnic.

*왕래발착 동사 경우(미래사항을 현재시제로 표현)

She comes here the day after tomorrow.

　-.현재진행형: 가까운 미래, 약간 불확실한 경우 사용

　　(미래시간 어구 첨가)

He is giving a party this week.

　　이번 주에 파티를 열 것이다.

　-.조동사: will/be going to/be about to/be supposed to

　　I will

　　I am going to go to movie this weekend.

　　When is he supposed to arrive here?

-3.현재와 과거의 연결: 완료시제

　-.아래 두 문장을 비교해 보자.

　　1.I lost my book.

　　2.I have lost my book.

2번은 과거에 책을 잃어버려 지금 책이 없다는 것이고 1번은 과거(한 시점)에 책을 잃어버려 지금 없거나 그 후 찾아서 있을 수 있다는 뜻이다(단순히 과거 어떤 때 책을 잃었다는 사실만 표현).

(현재)완료시제: 과거의 동작행위+ 현재의 상태

'이사 와서 현재 살고 있다'

→ I <u>have moved</u> in this house.

참조)영어문장은 간결하면서도 명확하고 함축적인 것을 좋아한다. 그래서 함축적인 문장이 발달하였는데 완료시제의 경우는 시간적 내용의 사건을 내포하였고 나중 설명할 가정법은 말하는 사람의 감정적 의도를 문장 속에 들어있게 표현 된다.

*(<u>현재</u>)완료: 과거의 동작(행위)+ <u>현재의 상태</u>(결과)

예)현재 책이 없고 그것은 과거에 잃어버렸기 때문.

I have lost my book.

나는 이 집으로 이사 와서 지금 살고 있다

I have moved in this house.

*가정법(<u>과거</u>): <u>과거의 사항</u>+ 현재의 감정

과거의 사항으로 현재 확실한 결과를 가졌을 경우 이에 대한 반어적 (현재)감정의 표현

예)용기가 있었으면 그녀에게 사랑 고백할거였는데

→ 용기가 없어 사랑고백을 못했다.

-.완료시제는 <u>앞에 붙는 시점(현재/과거/미래)를 기준</u>으로 하는 기간적 행위를 나타낸다. 현재완료란 현재를 기준으로 이전 과거에 일어난 행위의 동작에 대한 결과로써의 현재의 상태를 나타내는 표현이다. 과거분사는 어떤 과거 시점을 기준으로 그 이전의 과거(대과거)에 일어난 행위

에 대한 결과이고 미래완료는 어떤 미래를 기점으로 그 이전에 발생한 행위에 대한 결과적 표현이다.

　　*현재완료: have + 동사의 과거분사(pp)

　　*과거완료: had + 동사의 과거분사(pp)

　　　He found that she had gone to Seoul.

　　　그녀가 서울로 가버린 것을 알았다.

　　*미래완료: will + have + 동사의 과거분사(pp)

-.따라서 현재완료는 과거에서 현재까지에 대한 완료, 경험, 계속, 결과 등과 같은 일정기간의 내용을 보다 구체적으로 나타낼 경우에 사용한다.

현재완료 시제의 용법

　-1.완료: just, yet, today, already

　　Jane has just written his report

　　(제인은 보고서를 막 썼습니다).

　-2.경험: ever, never, once, before, many times

　　This is first time I have ever been here

　　(이곳에 처음 오네요).

　-3.계속: 기간의 부사구(since 1800, for ten minutes)

　　Tom has studied English for two years

　　(2년 동안 영어공부하다-지금도 계속하고 있다).

　-4.결과: 현재까지 영향

　　결과 또는 계속 용법은 3인칭 사용

-5.관용 문구

I have been to Seoul. 서울에 간적이 있다.

Jim has been in London for three years.

3년 동안 런던에 머물렀었다.

주의1)과거의 의미를 내포하는 단어는 현재완료와 같이
사용할 수 없다(현재까지 영향을 미치는 구문이므로).
반면에 현재의 의미를 내포하는 또는 기간을 나타내는
시간부사는 현재완료와 같이 사용가능하다.

　과거: yesterday, three weeks ago, ..

　현재: today, recently, lately, this morning, ..

　예)I haven't seen Jim this morning.

　　나는 오전 내내 짐을 보지 못했다.

　　(만약 오후에는 봤을 경우에는 과거문형으로 표
　　현)

주의2)to부정사는 미래적 의미를 가지므로 과거의 사실에
대해서는 과거형이 아닌 현재완료를 사용한다.

Tom is known <u>to have been killed</u> in the war.

(탐은 전쟁에서 죽었다고 알려졌다.)

*직접화법과 간접화법

Tom said "She died 2 years ago"

　→ Tom said that She had died 2 years before.

2.어휘

-시점관련 시간부사

*ago: 현재기준과거, 구체적 시점의 과거(시간부사+ago)

현재를 기준해 기간부사만큼 과거(과거시제 사용)

2years ago(2년 전에) (2years earlier 2년 먼저)

before(/previously): 과거기준 이전 과거, 막연한 기
간의 과거, 과거이전의 과거를 표현(완료시제 사
용), 홀로 쓰이거나 접속사/전치사 역할

Last month, I gave back the book that I had
borrowed 2 months before.

(3달 전에 빌린 책, 만약 before 대신 ago를 쓰면 2
달 전에 빌린 책)

참조)Wash your body before going to bed

'자기 전에 몸 씻어라'가 아니고 '몸 씻고 자라'

*since+ 시점

for+ 기간

가정법: 개요)가정법이란?

-.조건(문)과 가정(문)

조건문: 가능성 있는 문구, 조건 맞으면 주절동작 할 것

가정문: 불가능한 사항인데 가정한 것

-.시제에 있어서 현재시제란 확정된, 명확한 사실을 표현
한다고 했다. 이런 화법을 직설법이라고 한다. 즉 사실에

근거를 둔 표현이다. 반면에 진실은 아니지만 내가 바라는 사항을 나타내고자 할 때는 반어(反語)적으로 표현하고 이것을 가정법이라 한다. 그런데 사실이 아닌 내용 즉 틀린 정보를 일반 문형형식에 맞게 표현하면 혼란을 가져오게 된다. 따라서 가정법을 사용할 경우에는 자신이 틀린 정보를 사용한다는 암시를 주어야 하고 그렇기 때문에 문장 규칙에 맞게 표현하는 직설법과는 달리 가정법에서는 문장 규칙을 일부러 파괴시킨다.

  *시제 불일치: 현재 감정을 과거시제를 이용해 표현

  *수의 불일치: 과거시제의 was대신 were 사용

      If I were a bird, ~

  *문형의 불일치: 도치구문을 사용할 수 있다.

-.한 시점(현재)은 그 이전시점(과거)의 행위에 대한 결과물이기 때문에 가정법에서는 현재의 감정을 나타내는 방법으로 이전 시점(과거)의 시제를 사용해 현재의 감정을 역으로(반어적으로) 표현 한다.

예)가정법과거: 과거의 행위를 반대로 표현함으로써 현재의 감정을 나타냄

  If I studied very hard, I could pass the exam.

  (말하는 현재 당시에 시험에 낙방한 사실을 이미 알았기 때문에 주절도 과거형-could-를 사용)

2.가정법형식

　　-.가정법과거(현재사실에 반대):

　　　　　　　　(조건절)If +S(주어) +동사과거~,

　　　　　　　　(주절)S +조동사과거 +동사원형~

　　　　예)If I were rich I could buy a house

　　　　　　　　　　(현재 집이 없음)

　　　　참조)if생략 시 조건절의 had/should/were는 문장 앞

　　　　　　으로 도치된다.

　　-.가정법과거완료(과거사실에 반대): 종속절시제가

　　　　　　　　　　　　주절시제보다 과거인 경우

　　　　　　　(조건절)If +S +had +pp ~,

　　　　　　　(주절)S+ have+ pp ~

　　-.가정법현재: (조건절)If +S(주어) +동사원형~,

　　　　　　　　(주절)S +조동사 +동사원형~

　　-.가정법미래: (조건절)If +S +should+ 동사원형,

　　　　　　　　　　　일반적 가정의 경우

　　　　　　　또는 If +S +were to+ 동사원형

　　　　　　　　　　실현이 희박한 경우

　　　　　　(주절)S+ 조동사과거 +동사원형~

3.가정법방법

　-.복문(접속사)

　　If it be fine next week, I will hang out.

다음 주 날씨가 좋으면 외출할 것이다.

Jim talks as if he knew everything.

짐은 모든 것을 알고 있다는 듯 이야기 한다.

(실은 다 알지는 못한다)

-.단문(접속사가 없는 구조)

You should

I wish that 과거동사~ 실현가능성 희박한 경우

I would (rather) that~ 과거 시점

감정표현+ that 조동사 과거

(2)변형문형

개요)영어문장은 4문형(+부사 구문) 중 하나이므로 4문장형
식과 시제를 정확히 알면 문장을 완전히 이해 할 수 있
다. 그런데 실질적인 표현에 있어서 영미인들은 확실하면
서도 간편한 즉 <u>단순</u> 명확하게 표현하는 것을 좋아한다.
<서로 아는, 누구나 아는, 대화상 중요하지 않은/불특정
한/중복되는> 사람, 사물 또는 사항인 경우에는 생략 또
는 대표적 명사(대명사)로 대치하는 부분이 많다. 이런
관계로 한국인들이 문장 해독하기에 어려움을 겪는다.

그래서 영어의 모든 문장은 기본4형식(+특별/부가)으로
구성되나 품사(류)의 변형 즉 합치/생략/도치/대치 등을
통해 여러 가지 경우를 다양하게 표현될 수 있다.

1)합치구문: 2개의 다른 의미의 문장을 1개로 표현

  1.완료 구문

    I lost my book. + I don't have the book.

    → I have lost my book. 책을 잃어버려 현재 없다.

  2.결과 구문

    I starved + I died

    → I starved to death. 굶어 (결과적으로)죽었다.

  3.단독 분사구문

    He died + He was young → He died young.

2)생략 어법: 중복되는(주절과 종속절의 주어가 같은 경우),

        누구나(서로) 아는, 어법상, 불특정한 것들

  -1.종속절에서 '주어(주격관계대명사)+ be' 생략

      (주절과 주어가 같은 경우)

  -The book (which is) on the table is blue

    책상위에 있는 책은 푸른색이다.

  -While (I was) napping, my wife made a dish.

    내가 조는 사이에 와이프가 요리를 했다.

  -2.목적격 관계대명사/목적절 이끄는 접속사that의 생략

    -The book (which) Tom gave was interesting.

      탐이 준 책이 재미있다.

    -The girl (that) I saw yesterday is pretty.

    -3.가정법에서 If생략(문장 도치됨): were/had/should

-If you were a my boss, you should promote me.

→ Were you a my boss~

-4.현재분사와 '전치사+동명사절': ~ing문장의 분사구문
이 주문장의 앞에 위치할 경우에는 구분하기 쉬우나(,
로 구분) 뒤에 위치할 경우에는 '전치사+동명사절'(전
치사가 생략되는 경우가 있어)와 구별하기 힘들다.

예)He spent every weekend (in) playing golf.

(위 문장은 전치사+동명사(절)로써의 부사절이지만
전치사 in이 생략되는 바람에 문법적 구분이 힘들다)
이러한 경우 문법적 구분은 무시하고('playing
golf'가 분사구문인가 동명사(절)인가에 무관하게)
단지 품사로써 부사(절)로 간주하여 해석하면 된다.
즉 영어 문장은 오직 품사를 명확히 파악하여 문장
형식에 맞추면 된다.

-5.종속절에서의 문장 단순화: to부정사/~ing구문

to부정사와 ~ing구문은 복잡한 종속절을 간단히 표현
하기위한 방식이다.

-6,사역동사와 지각동사: 불타형식 문장에서 원동사가
사역동사 또는 지각동사(see..)일 때 목적격 보어는
to가 생략된 원형동사를 사용

-7.help동사: 불타형식'help+목적어+to부정사'에서 to는
생략하고 인칭목적어도 잘 아는 경우 '인칭목적어와

to'모두 생략 가능해 'help+ 동사원형'로 표현된다.

I help you to study english

→ I help study english 영어 공부하도록 도와주다.

'want'인 경우도 위와 같이 'want+동사원형'으로 표현될 수 있다.

I want (myself) to go there

-8.suggest형의 용법: suggest라는 동사는 완타형식 동사로써 목적어부분에 명사절(that+ should+ 동사원형: 일종의 가정법 형식)을 수반하는데 여기서 'that와 should'를 생략할 수 있어 문형이 마치 불타형식 사역동사 용법(목적보어에서 원형부정사 사용)과 비슷하다 (실은 명사절을 수반한 완타형식). 단 사실에 대한 것 (가정법 형식이 아니므로)을 이야기하는 경우는 should가 생략 안 된다.

예) I suggest that you should take a break.

　　　→ I suggest you take a break.

*이와 같은 용법의 동사들

제안: advise propose recommend suggest warn

명령/지시: command direct instruct order rule

주장: insist move prefer

요구: ask demand desire require request stipulate urge

의도/계획: arrange intend

-9.get started: get (something, myself) started

예)Let's get (myself) started

　　Let's start 보다 더 동작적인 의미

주의)수동태 용법: 위 생략어법의 경우는 문장이 평서문

(능동태)인 경우인데 만약 수동태가 되면 생략된 부분

들은 다시 표현해주어야 한다.

3)도치 용법

-1.부정부사(only, never, hardly, seldom, little,

rarely, barely, scarcely, on no account)

: 부정부사+ 조동사(do/be포함)+ 주어~

예) I never heard about that

→ Never did I hear about that

-2.장소방향부사: 장소(구)+ 자동사(/be)+ 주어(명사)

장소(구)+ 주어(대명사)+ 자동사

예) Jane in red was on the road

→ On the road was Jane in red

길 위에 있었던 이는 붉은 옷을 입은 제인이었다.

4)대치 용법

-1.대명사: 대명사는 이미 알고 있는 전(前)문장에 나

와 있는 것(과 연관해)을 다시 사용할 때 쓰인다.

*'여자가 손을 씻고 있다'에서 여자를 She로 표현하면

안 된다(연관된 표현이 없어). 즉 the women이라 표현
해야한다. 반면에 손의 경우는 이미 the woman이 나와
있어 소유대명사 her(hands)를 사용한다.

　: The woman is washing her hands.

대명사: 지시/소유/재귀/관계대명사

　지시대명사: this that　소유대명사: my his

　재귀대명사: myself　　관계대명사: which that

-2.(한정사+명사)를 반복 사용 시는 한정사(또는 대명
　사) 로만 표현

a book　　→ one　　the book　→ it

the woman　→ she　　my book　→ mine

this book　→ this　　which book → which

whose book → whose

　　-Whose book is this? → Whose is this book?

any money　→ some

　　-If you have any money, lend me some

Is Tom in the room? → Is Tom in?

　(전치사도 명사 앞에 붙이는 일종의 한정사 취급)

-3.가주어 용법: 영어는 편리성을 위해 주어가 긴 문장
　　　　　　일 경우 문장 맨 앞에 가주어It를 사용한다.

It사용 불자형식: It+be동사+형용사+진주어

　-It is very hard to study English

(= To study English is very hard)

영어공부는 매우 힘들다.

-4.유도부사 용법: 일반적 표현(a/some..)에서 there가
문장 앞으로 주어처럼 쓰이는 경우(there는 의미
가 없는 유도부사이므로 뒤에 장소부사가 필요할
경우 꼭 수반되어야 한다.)

There is a house there. 저기에 집이 있다.

잠깐 쉬어가기!

서양인은 자식(son)에 대해 자신의 이름 붙이
기를 좋아한다. 그래서 자신의 이름에 junior라고
더해서 부른다. 또한 이름 앞에 Mac(Mc)가 붙으
면 뒤 이름의 아들, 이름 뒤에 son을 붙이며 그
이름의 아들이라는 의미이다.

-Mcarthur (son of Arthur) 맥아더

Mcdonald, Mccarthy

-Peterson (son of Peter) 피터슨

Donaldson, Johnson, Jackson, Michelson

5. 영어의 실용: 패턴 형식

영어의 모든 문장은 위 4가지 형식(+부사어구)으로 나타낼 수 있다. 그러나 언어라는 것이 변천을 거치다 보면 서로 짝이 맞는 품사끼리 어우러져 표현되어 특유의 구문을 형성한다. 특히 준동사의 경우 선호되는 구문이 있고 동사도 선호하는 전치사가 존재한다.

(1)자동사의 패턴 형식

　1.promise 형(型): 주어+ 자동사

　　예) I promise!

　　어휘) promise/happen

　2.graduate 형(型): 주어+ 자동사+ 부사(전명구)

　　예) I graduated from collage

　　어휘) graduate/agree to/arrive at

(2)be동사류의 패턴 형식

　1.be 형(型): 주어+ be+ 보어

　　예) He is a terrible liar. 거짓말을 잘 못해

　2.look 형: 감각동사+ 형용사

　　예) She looks pale.

　　어휘)look/taste/sound/smell/feel

　3.become 형(型): be동사류+ 형용사류

　　예) She become a teacher

　　어휘)become(/grow), remain(/stay/keep),

seem(/appear/prove)

(3)수동형 패턴: 완타형식→불자형식

  1.bore 형(型): be+ 사동사의 보어(과거분사pp/동명사ing)

    형식: 주어+ be 과거분사pp/현재분사ing

    예) I am bored

       The class is boring.

    어휘: bored/excited/surprised/tired/surprised

       /worried/exhausted/crowded/interested/amused

       /blamed/satisfied/confused/astonished/annoyed

       /bewildered/disappointed/embarrassed/frightened

       /irritated/started/disgusted

  2.get 형(型): get 수반 수동형은 '행위'를 강조

    형식: get+ '과거분사pp'

    예) Get dressed!.

    어휘: get dressed/get started

(4)이유/대상 수반 구문: 술어 뒤에 대상/이유가 반드시 수반

*감정/인식 형용사

  1.afraid 형: 주로 감정형용사

    형식: be '형용사'+전명구/that절

    예) I am afraid of cats

       I am afraid that ~

    어휘: afraid(of)/glad(to)/worry(about)/sorry/sad

/happy/angry/proud/confident/pleased

/disappointed/surprised/amazed/lucky

참조)단순한 'I am afraid'구문은 성립이 안 되나 의문문/부정문으로는 사용가능하다.-Don't be afraid.

2.aware 형(인식형용사)

형식: be '형용사' +전명구/that절~

예) I am aware of it

I am aware that

어휘: aware(of)/sure/conscious/certain/convinced

*인식동사: 상황에 따라 3가지 문형으로 표현 가능

-.자동사+ 전명구(완자형식)

-.타동사+ that목적절(완타형식)

-.타동사+ 목적어+ to be 보어(불타형식, think)

1.think 형(타동사 위주)

예) She can't think of Tom's face

She thinks that Jim is honest.

I think him to be honest.

어휘: think/believe/find/consider/know/guess

/suppose/imagine/judge/declare/report

/recognize/prove/acknowledge/assume/show

2.seem 형(자동사 위주)

예) It seems like snow.   자동사+ 전명구

It seems that she is sick.　　that절

She seems to be sick　　　　to+be구문

어휘: seem/appear/look as if

주의)인식동사 경우 종속절이 부정의 의미일 경우는 종속절을 부정문으로 하지 않고 주절을 부정문으로 한다.

나는 그가 무죄가 아니라고 생각해

I don't think that he is innocent.

그가 목표달성을 하지 못할 것으로 보여

It doesn't seem that he can meet the goal.

(5)가정문 수반 구문: 수반되는 종속절(that절)이 가정문 형식을 취하는 구문, 따라서 종속절의 동사는 원형임

1.suggest 형: 요구

형식: 종속절 that (should)+ 동사원형

예) I suggested that he (should) study hard.

어휘: suggest/insist/recommend/demand/advise
　　　/ask/desire

2.It is essential 형(型)

형식: 종속절 that (should)+ 동사원형

예) It is essential that Tom be there.
　　　탐이 꼭 거기 있어야 한다.

어휘: essential/important/recommended/crucial
　　　/necessary/vital

(6)완타형식 준동사구: 완타+to부정사구/동명사구/모두

  1.want 형(to부정사): 주로 미래 의미

    예) I want to go shopping.

    어휘: want/wish/hope/need/afford/fail/manage/expect

          /desire/plan/arrange/schedule/decide/refuse

          /decline/intend/prefer

  2.enjoy 형(동명사): 주로 과거 의미

    예) I enjoy playing tennis.

    어휘: enjoy/keep/mind/miss/avoid/appreciate

          /anticipate/admit/allow/finish/forgive

          /escape/delay/propose/stop/quit/deny

          /defy/include/consider

  3.like 형(모두): 각각에 따라 의미가 달라질 수 있음

    예) I like playing a baseball game.

    어휘: like/love/remember

(7)~ing구 수반 형식

  1.spend 형: 소모(관련)동사 문형: 돈/시간/일/낭비.

    형식: 소모(술어)+목적어+(in)~ing

    예)Tom spends every sunday (in) playing golf.

    어휘: spend/busy/waste/

       돈: spend money in~ing

       시간: have(time)

일: be <u>busy</u> (in) studying English.

사건: have trouble (in) solving

낭비: waste(difficulty) have(time)

주의) 이 경우 in은 생략 가능하므로 분사구문과 혼동하지 말 것

참조)spend 경우 목적어 다음에 동명사가 아닌 명사가 올 경우는 전치사'on'을 사용한다.

Jim spends money on horses

짐은 경마에 돈을 소비하다.

2.worth 형: 형용사에서 파생된 전치사 경우 전명구 역할

형식: 형용사에서 파생된 전치사+ 동명사

예)This painting is worth $50000

이 그림은 $50000의 가치가 있다.

어휘: worth/near/like/round/opposite

참조)worthwhile 경우는 to수반

: *worth ~ing = worthwhile to~

3.관용구 형

어휘: come near to doing /like ~ing /round ~ing

opposite ~ing/ can't help ~ing/ go ~ing

(8)수여동사

give 형: 주어+ 타동사+ 인칭목적어+ 직접목적어

어휘: give/write/buy/boil/pour/get/make/bring

/send/offer/show/lend/pass/sell/teach

(9)특정 전치사 수반 구문

*타동사+ 간접목적어+ 전치사+ 직접목적어

1.rob(A of B): A에게서 B를 빼앗다.

예)Jim robbed me of money

어휘: rob rid deprive clear relieve cure

2.inform(A of B): A에게 B를 알리다

예) She informed me of his death.

어휘: inform remind notify advice apprise warn

convince assure accuse

3.provide(A with B): A에게 B를 공급하다.

예)Tom provided me with food. 음식을 주다.

어휘: provide present furnish equip endow entrust

*타동사+ 직접목적어+ 전명구

1.praise(A for B): A를 B에 대해 칭찬(/벌)하다

예)My boss praised me for the good performance

어휘: praise scold blame punish forgive thank

참조)'내 탓이야'를 영작하면?

타동사'blame'의 경우 뒤에 목적어+필수부사

(for~)가 따라오고 '누구(목적어)에게 무엇에 대하

여(for~) 비난을 하다.'는 의미이다. 이 경우 자신

의 탓으로 돌리는 문장을 만들려면 수동태를 사용해

야 하나 단지'I am blamed'로 표현하면 틀리고 뒤에
'for+이유'가 따라와야 한다. 그리고 단순히 '내 탓
이야'라고 표현하려면 'I am to blame'라 표현해야
한다. 이때 to blame은 능동이지만 수동으로 해석해
야 한다.

2.keep(A **from** B): A를 B하지 못하게 지키다

　예)keep my house from fire.

　어휘: keep prevent stop deter discourage

　　hinder prohibit dissuade restrain

*타동사+ 직접목적어+ as

.regard(A **as** B): A를 B로 간주하다(as생략 절대불가).

　예)I regard his idea as useless.

　　　　　소용없는 아이디어라 생각한다.

　어휘: regard/look on/think of/refer to/accept/treat

(10)목적보어 수반 구문: 불완전타동사+ 목적어+ 목적보어

　1.make 형: 사역동사

　　예)I made her happy.

　　어휘: make/have/let

　2.watch 형: 지각동사

　　예)I watched her entering the office.

　　어휘: see watch hear feel taste

　3.persuade 형: 목적보어로 to부정사 수반

예)I persuaded him to go to college.

어휘: persuade/tell/want

4.find 형: 가목적어 사용동사

예)I found it hard to escape him from the jail.

어휘: make find think believe consider

참조)완타(목적어)와 불타(목적보어) 사용 시 달라지는 동사

동사	완전타동사(목적어)	불완전타동사(목적보어)
인식동사	that명사절	to be+보어
허용동사	동명사	to부정사구

허용동사: allow permit admit

☆☆참조)부사의 여러 용법 ☆☆

영어 품사 중에서 수식어로 쓰이는 부사류가 가장 복잡하고 알아보기 힘들다. 이에 몇 가지 부사의 특별한 용법에 대해 알아보자.

*1.종류: 장소/시간/정도(수량), 전명구

장소부사: home(집으로), upstairs(위층에), there

시간부사: tomorrow soon then now

크기부사

-빈도: often usually

-부정: seldom never rarely

-정도: very strongly litter

-방법: fast hard how

전명구)관계부사: 전치사+ 관계대명사

*2.특수 용법

-장소부사 또는 부정부사(구)가 문장 앞에 오면서 이어지는 주절 사이에 (,)가 없으면 주절의 주어와 be동사는 도치된다.

Under no circumstances should you not stay home
어떠한 상황일지라도 너는 집에 머무르면 안 된다

-부사가 (명사를 제외한)단어를 수식하는 경우 일반적으로 해당 품사 앞에 위치한다. 그래서 빈도부사의 위치는 '일반동사 앞, be동사/조동사 뒤'이다.

Tom often go to the park.(often은 동사go 수식)
탐은 가끔 공원에 간다.

참조)not은 일종의 (never/rarely/seldom 등과 같은) 빈도부사와 같은 역할을 한다. 그래서 문장에서 '일반동사 앞, be동사/조동사 뒤'에 위치한다.

I do not know.

-시간부사에서 현재를 내포하는 부사(today, recently)는 현재완료형과 같이 쓸 수 있으나 과거 의미의 부사(yesterday, two days ago)는 현재완료형과 함께 쓸 수 없음

I haven't seen Judy lately
나는 최근에 쥬디를 본 적이 없다.

-부사 enough의 위치: 부사의 경우 언제나 수식어 뒤
에 위치한다(다음에 to부정사 따라옴).

Jane is not yet old enough to go to the movie.

제인은 영화관 가기에 충분한 나이가 아니다.

참조)주의하여야할 부사 사용

긍정문	too	so	already
부정문	either	neither	yet

전치사(+명사) 용법

*1.장소부사

at 좁은 특정 장소   at the taxi stop

in 넓은 장소나 위치   live in Seoul

on 표면 위에 위치   on the chair

*2.시간부사

날짜 관련

at 구체적 특정 시간   at noon

in 월, 년도, 계절   in winter

on 요일 특정 날짜   on monday

예외) in the morning

시점과 기간

~까지(시점): by   (기간): until

~이후에: in

★중요!!!)영어는 되도록 간단하고 단순하며 명료한 문장이 선호되어 변화되어 왔다. 접속사를 사용한 복합 문장(복문)들이 to부정사 또는 ~ing를 이용하여 단문화 된 것이 대표적인 예이다. 즉 to부정사 또는 ~ing 구문은 영어를 간편하게 단순화 시키는 도구들이다. 미국인이 좋아하는 이런 방법들을 잘 익혀야 미국적 사고에 접근할 수 있는 것이다. 또한 '전치사+명사'는 명사를 부사화 시킴으로 표현에 대한 확장을 크게 하였다.

일반적 <------------------------> **구체적**

주어 > 동사 > 목적어/보어 > 필수/선택부사

그래서 영어에서 단순하고 짧은 것은 앞에, 길고 구체적인 것은 뒤에 위치한다고 했다. 문장요소인 보어는 길고 구체적인 표현이다. 보어 역할을 할 수 있는 to부정사/동명사구/분사/분사구문 등을 통해 영어문장은 얼마든지 길고 구체적이고 상세하게 표현할 수 있게 된다.

보어의 사용이야말로 영어의 다양한 표현의 중심에 있다.

요약)영어의 각 단어들이 한 가지 품사만 가지고 있다면 영어는 참 쉬웠을 것이다. 문장의 불타형식에 맞추면 바로 독해와 영작이 이루어질 수 있기 때문이다.

그러나 영어 단어는 자동사 또는 타동사만인 경우, 자동사/타동사 심지어 형용사의 품사를 모두 갖는 경우의 단어들도 많이 있다. 그래서 영어 문장의 구문은 일정한 절차 (아래 절차)에 의거하여야 보다 쉽게 할 수 있다.

영어 문장은 **오직** '기본4품사(<u>명사</u>/<u>동사</u>/<u>형용사</u>/<u>부사</u>)+ 접속사'로 구성된다.**.

　예)There is no man who is a student here.

　There: (유도)<u>부사</u>, here: 부사

　is: <u>동사</u>　　　　no: <u>형용사</u>(man 수식)

　a: <u>형용사</u>(student 수식)

　man, student: <u>명사</u>

　who: (관계)(대)<u>명사</u>/접속사

그래서 일단 문장이 주어지면

*1.문장의 주어를 찾을 것.

*2.주어 다음에 오는 것이

　-후치수식의 형용사구/절인 경우에는 이 부분을 청 킹(덩이 짖기) 즉 묶음 처리한다.

　-아니면 동사를 찾는다.

*3.동사 다음에 오는 것이

　-부사류(부사/to부정사/전명구/분사구문)--완자형식

　-형용사류(형용사/전명구/분사/to부정사)--불자형식

　-명사류(명사/that절/to부정사/동명사)----완타형식

　-명사구(명사절의 변형구문)--------------불타형식

　*위 각각의 형식들 + 부사류(필수부사/선택부사)

주의)'to부정사/ing'는 명사적/형용사적/부사적 품사를
모두 가지고 있으므로 잘 구분해야 한다.

<u>잠깐 쉬어가기!</u>

서양에서는 보통 물리학 등 자연과학 법칙을 만들면
그 사람의 성을 사용한다. (뉴턴 법칙-아이작 뉴턴)
그런데 우리가 볼 때는 혼동을 가져올 수 있다.
우리는 같은 성이 많으니까 이름을 사용하는 것이
더 확실할 것인데.. 그럼 왜 서양은 성을 사용할까?
그것은 서양과 미국은 워낙 다민족 국가이기 때문에
같은 이름은 많아도(많은 이름이 천사 또는 성인
이름에서 따옴) 성은 같은 성이 상대적으로 적기
때문이다.

마이클: 천사 미카엘에서 따옴

존: 성(聖)요한에서 따옴

폴: 성(聖)바울(paul)에서 따옴

피터: 성(聖)베드로에서 따옴

성(聖)은 세인트(saint)로 러시아의 도시

상트페테르부르크는 성(聖)베드로 도시임

6. 영미인의 수량 개념(명사와 한정사)

(1)명사의 용법

1)다시 강조하면 영어에는 <u>일반적(개괄적) 표현과 구체적(특정적)</u> <u>표현</u>이 있다. 이것이 명사 표현에도 적용된다.

물(water)에 대해 생각해 보자.

서양사고의 원천인 그리스 철학에 있어서 물은 우주만물의 근원의 하나로 간주되었다. 즉 본질적 개념으로 우리들이 이야기하는 '물 좀 주세요.'에서의 물과 개념이 다른 것이다.

한국인들이 'coffee 먹으러 가자' 하면 누구나 이해한다. 그러나 서양인의 경우에는 커피물질? 커피원액? 이것을 바로 먹어? 라며 이해를 하지 못하고 이것을 구체화시킨 표현 즉 'a cup of coffee' 라고 해야 비로소 이해하게 된다.

2)명사의 종류에 따라 표현 방식이 다르다.

영어에서 가장 중요한 것의 하나가 어휘이다. 많은 단어를 알되 그 단어의 어감 즉 뉘앙스를 확실히 알아야 한다. 영어에 품사가 다양한 것도 다양한 뉘앙스를 가지고 있기 때문이다. 명사의 경우 문법적으로 복수의 단어(가산명사)인 경우에도 문장의 뉘앙스가 각개로서의 의미를 가지면 3인칭 단수로 표현하여야 한다. 주어인 명사가 단수 또는 복수인가를 따지는 것은 그에 따라 동사가 변형될 수 있기 때문이다(He go<u>es</u> to the school).

복수표현: 명사 끝에 ~(e)s 을 붙임

*단수취급(주어가 3인칭단수현재): 동사에~(e)s 붙임

*복수동사표현(주어가 3인칭단수현재가 아님): 동사원형

3)명사의 용법

명사에 관련된 표현에는 아래 3조건이 있다.

*1.명사 앞에 관사를 붙이거나 안 붙이거나

*2.명사를 복수표현 시 뒤에 ~(e)s를 붙인다.

*3.주어인 명사를 단수취급 시 **동**사에 ~(e)s를 붙임.

(3인칭 단수 현재인 경우)

(2)명사의 종류

언어라는 것을 인간이 처음 생각할 때에 자연의 형상이나 일반적인 물체에 대한 외형위주의 단순한 표현부터 시작 되었을 것이다. 이것이 문법에서 말하는 명사 그 중에서도 보통명사를 말한다. 그런데 지능이 발달하며 셈법이 생기면서 명사에는 셀 수 있는 것(가산 可算)과 셀 수 없는 것(불가산 不可算)이 있음을 알게 되었다.

가산명사는 사물에 대한 일반적인 표현이고 불가산명사는 보다 본질적이고 구체적인 표현이다. 따라서 일반적인 가산명사를 구체적으로 표현하기 위해서는 단어 앞에 한정사라는 수식어를 붙여야 한다. 반면에 불가산명사인 경우에는 한정사를 붙이지 않고 표현도 단수표현을 한다.

한정사: a, two, the, pretty, 수사/형용사/부사

또한 집단에 대한 표현으로 군집명사가 있다. 즉 여럿이 모여 이루어진 집단에 대한 통칭명사이다.

1)불가산명사(셀 수 없는 명사)

물, 커피, 티 등은 섞어도 물이라는 본질에 변함이 없는 것이고 나누어도 그냥 물이 되는 것이다. 이것을 영어에서는 '불가산명사(셀 수 없는 명사)'라고 한다.

　1.어법: 무관사, 단수표현, 단수취급

　2.어휘

　　-고유명사: 특정 인명/지명을 나타냄(대문자로 시작)

　　-추상명사: 동작/상태 등의 추상적인 개념을 나타냄

　　-물질명사: water, coffee, tea,

　　-총칭명사(군집명사의 물질명사화):

　　　비슷한 쓰임새인 것들에 대한 대표 표현(밑 참조)

　　　bread: 식빵, 도넛, 그로와상

　　주의)불가산명사 앞에 한정어(형용사)가 있을 경우 한정어

　　　앞에 관사를 붙인다. a merry Christmas.

2)가산명사(셀 수 있는 명사)

학생, 소년, 의자 등과 같이 모으거나 분리하면 표현이 달라지는 명사를 '셀 수 있는 명사(가산명사)'라고 한다.

a chair(한 개의 의자)에 다른 한 개의 의자를 갖고 오면 two chairs(두 개의 의자들)가 된다. 이렇게 덧셈(가법 加法)이 가능한 명사를 '셀 수 있는'(가산 可算)명사라고 한

다. 가산명사 앞에는 숫자(기수 基數 one, two. three, ..)가 붙는다. 여기서 a chair의 경우 한 개의 의자도 되지만 의자를 대표하는 뜻으로도 표현된다. 그래서 가산명사는 앞에 a를 (꼭)붙인다.

 1.어법: 관사 붙임, 단/복수표현, 단/복수동사표현

　　예)The girl makes me happy.

 2.어휘

　-보통명사: 특정 모양을 갖춘 것　boy, desk, radio

　-군집명사의 보통명사화(집합명사):

　　여러 사람/사물의 모임(전체로 취급, 밑 참조)

3)군집명사(명사들의 모임)

　문명이 발달되면서 복잡한 개념들이 생겨나고 따라서 단어표현에 있어서도 확장할 필요가 있다. 명사의 경우 초기에는 개별적 명사들로 가산 또는 불가산으로 분류가 되나 개별이 모인 집단을 총칭하는 단어(가족, 위원회, 가축 등)인 경우도 발생된다.

　경찰(police)이란 단어는 순경, 형사, 경위 등과 같은 집단을 통칭하여 부르는 단어이다. 이러한 집단을 개개인으로 취급될 경우 이런 명사를 군집명사라 한다.

　경찰은 합쳐도 경찰이라 부르고 나누어도 경찰이라 한다. 즉 불가산명사이다(그래서 단수로 표현한다). 그러나 집단을 개개인으로 취급해 여럿이 포함되어 있기 때문에 동사는 복수동사로 표현한다.

 1.어법: 관사(선택적), 단수표현, 복수동사표현

 2.어휘

   -Family형: 관사 붙임, 단수표현, 복수동사표현

     family, jury, committee

    My family are all happy

    내 가족 들은 다 행복하다.

   -the police형: the 붙임, 단수표현, 복수동사표현

     police, clergy, nobility

    (경찰인 경우 police는 경찰을 대표하지만 각 개개

    인의 경찰은 policeman으로 표현한다.)

    The police are after Tom

    경찰은 탐을 쫓아갔다.

   -Cattle형: 관사(경우에 따라), 단수표현, 복수동사표현

     cattle, people, poultry

   -집합명사(군집명사의 보통명사화): Family형의 경우 전

    체를 한 단어로 간주 시 보통명사로 취급

    His family are all well   ------ 군집명사

    Two families live in one house -- 집합명사

    두 가족이 한 집에 산다.

   -총칭명사(군집명사의 물질명사화):

    '나무(wood) 책상(desk) 가구(furniture)'

위의 3단어들은 한국어의 관점에서는 같은 용도의 명사들이다. 즉 문장 중에 사용하는데 있어서 특별한 형식의 차이 없이 사용되어진다. 그러나 영어에 있어서 위 3단어들의 용법은 각각 다르다. 그럼 먼저 나무(wood)와 책상(desk)에 대해 알아보자.

나무라는 것은 쪼개거나 붙이거나 나무가 된다. 즉 물건의 기초재료에 해당된다. 그러나 책상은 쪼개면 책상의 기능을 잃게 되고 합치면 다른 종류의 책상이 된다.

나무란 본질적 추상적 개념에 가깝고, 책상은 구체적 형태적 개념에 가깝다. 그래서 나무(wood)를 물질명사라 하고 책상을 보통명사라 한다.

나무(wood)는 쪼개거나 붙이거나 어찌하거나 나무이기 때문에 셀 수 없는 즉 불가산명사라 하고 나무(wood)라는 단어를 사용하는데 있어서는 아무런 한정사(명사의 의미를 한정시켜주는 것, 관사 등)가 앞에 붙지 않는다.

반면에 책상(desk)은 2개의 책상, 5개의 책상과 같이 셀 수 있는 명사이기 때문에 가산명사라 하고 또한 여러 가지 변형을 통해 그 용도나 기능 또는 수량 등이 변하기 때문에 앞에 그 의미를 한정시켜주는 한정사가 반드시 따라 붙는다.

책상(desk)과 가구(furniture)에 대해 알아보자.

책상은 가산명사이므로 2개의 책상, 3개의 책상과 같이 앞에 한정사가 따라온다고 했다.

그런데 책상, 의자, 장롱 등과 같은 물건의 집합체를 일컫는 가구라는 단어는 또 다른 특성을 가지고 있다. 이러한 모임을 칭하는 단어를 군집명사라고 한다. 여기서 가구는 여러 개의 모임이니까 나누거나 합쳐도 역시 가구라고 부르는 것이 물질명사(물, 커피 등)와 유사하다. 그래서 가구의 경우 군집형 물질명사라 하고 앞에 관사를 붙이지 않는다.

(의료)설비(equipment)를 예를 들어보면 여러 의료 장비의 모임(equipment)은 군집형 물질명사, 각 장비는 보통명사, 장비를 만드는 재료인 steel(강철)은 물질명사가 된다.

물질명사	보통명사	군집형 물질명사
wood	desk	furniture
steel	CT machine	equipment(의료설비)
leather	bag	baggage

총칭명사: furniture, equipment, money, medicine, food, bread, music, baggage, luggage, clothing, fruit, scenery

명사 관련 정리

<u>가산명사</u>: 단수/복수동사표현 모두 가능, 관사 사용

보통명사/집합명사(family형-하나로 취급 시)

<u>불가산명사</u>: 단수표현/단수동사, 무(無)관사

물질명사/고유명사/추상명사/통칭명사

<u>군집명사</u>: 단수표현/복수동사, the 사용(예외 있음)

family(집합명사)/the police/cattle/총칭명사

명사	명사표현	동사취급	관사	해당명사
가산명사	단수/복수	단수/복수	있음	보통/*집합*(*family)
불가산명사	단수표현	단수동사	없음	고유/추상/물질 /총칭명사
군집명사	단수표현	복수동사	선택	-family 　*집합*명사 -the police -cattle -총칭명사

*군집명사는 단수표현하며 동사복수(취급)한다(단 예외 있음). 관사는 경우에 따라 다르다.

-표현의 예외

집합명사(군집명사의 보통명사화): family형의 경우 중 집단을 하나로 취급 시 보통명사화 되어 관사, 수사 등을 붙일 수 있고 복수표현도 가능하다(만약 각개로 취급 시에는 군집명사로써 단수표현하며 복수동사 표현한다).

-군집명사 앞에 관사가 붙는 것은 경우에 따라 다르다.

관사를 안 붙이는 경우: 총칭명사, cattle(일부)

주의1)고유명사이지만 앞에 the를 붙이는 경우

  -1.관사는 일종의 형용사이기 때문에 다음에 보통명사가 올 경우는 사용가능(the United States of America)

  -2.관공서, 강, 바다, 산맥, 반도, 신문 등은 같은 이름이 존재할 수 있어 관사 사용할 수 있다.

  -3.기타 관용적인 경우

    the sun, the moon, in the morning,

주의2)유의사항

  -1.기능성: go to bed(잠자러 간다)

    He goes to school 그는 공부하러 간다.

    참조)침대(bed)의 기능은 잠자기 위한 것이므로 앞에 관사를 붙이지 않는다. 그런데 예를 들어 '바닥(floor)에 자러 간다.'인 경우는 바닥의 용도는 자기위한 것이 아니므로 당연히 앞에 관사도 붙이고 문장도 바뀌게 된다. → sleep on the floor

  -2.물질명사(일반적)를 보통명사(구체적)로 표현하기

    빵 한 개: a loaf of bread

  -3.복수표현(~s)이며 단수 취급하는 것(쌍이 하나의 물건을 이루는 경우)

    a pair of pants(바지),

sales savings accounts regulations standards belongs accommodates

-4.끝에 ~s가 붙어도 단수 취급하는 명사(관용어구: 주로 감사 등에 대한 표현-많을수록 좋으니까)

thanks, nuts(고소한), noodles(우동)

(3)한정사

1)한정사의 의미

명사들 중에 고유명사, 추상명사, 물질명사들은 이미 구체성이 있는 특정 명사들이다. 그러나 보통명사의 경우는 구체성이 없으므로 이를 구체화(특정)하기위해서 앞에 한정사를 붙여 의미를 한정시켜 특정화한다. 여기서 한정사란 a, the, my 등과 같이 명사에 붙어서 뜻을 한정지어 주는 것을 말한다. 이러한 한정사의 대표적인 것이 관사이다. 그런데 단어에 이미 한정적인 의미가 부여된 경우에는 한정사를 붙이지 않는다.

예)tomorrow night: 내일저녁이라는 특정일을 이미 지칭하였기 때문에 앞에 한정사를 붙이지 않는다.

일반적 보통명사를 구체적인 것으로 표현할 시에는 한정사가 필요하고 따라서 각 한정사에 따라 그 단어의 뜻이 달라질 수 있다.

예)cat   고양이 고기?(물질명사)

the cat   고양이 동물(종 種)

cats   고양이 통칭

a cat   1마리 고양이(보통명사)/대표명사

이것을 구체화 과정으로 정리하면

고양이(물질)> 1마리 고양이(보통)> 나의 고양이(한정)

cat   >   a cat   >   my cat

와 같이 점점 범위가 구체화 되어가는(한정적인 표현을 하는) 것이다.

다른 예) I bought LG   나는 LG회사를 샀다

I bought a LG   나는 LG회사의 제품을 샀다

아래 두 문장을 비교해 보면(a와 my)

I don't have a favorite book. 좋아하는 책이 없다

I don't have my favorite book. 좋아하는 책을 지금 가지고 있지 않다.

복잡하다고 느끼지만 그것은 서양인과 한국인의 인식구조가 다르기 때문이다. 그러므로 영어는 말의 느낌을 익히는 것이 중요한 것이다. 중요한 것은 불가산(셀 수 없는: 일반적)이냐 가산(셀 수 있는: 구체적)이냐를 뉘앙스로 느끼는 것이다.

2)한정사의 종류

1.관사

a: 단수취급(명사는 단수, 동사는 3인칭 단수로 표현)

the: 단수 복수 모두 취급

 a book: 통상적 의미의 책을 나타냄

 the book: 특정한 이미 알고 있는 책을 지칭함

*가산명사인 경우 하나 둘 셀 수 있기 때문에 앞에 a
가 꼭 붙고(그것이 대표 보통명사를 나타냄) 반면에
불가산명사인 경우 예를 들어 rain인 경우는 붙지 않
는다. 그런데 이것이 좀 더 구체화될 시에는 가령 가
랑비인 경우에는 'a fine rain'이라고 맨 앞에 관사a
가 붙게 된다.

 즉 a는 세는 것에 대한 한 방법으로 둘이 아닌 한
개에 대한 표현이며 이것이 그(가산)명사를 <u>대표적으</u>
<u>로 표현</u>하는 것으로 변화되었다(a boy, a book, ..).
반면에 불가산명사인 경우 예를 들어 money는 돈에
대한 추상적이고 대표성을 이미 내포한 단어이다. 따
라서 불가산명사이지만 구체적인 표현인 현찰인 경우
10$ 한 개, 100$ 두 개와 같이 표현되어지는 것으로
가산명사가 되는 것이다.

*정관사the는 이미 알고 있는 사물에 대해(연관되어)
표현하는 것이다. 그래서 앞 문장에 1차적으로 거론
되었거나 본 문장 중에 특정을 지칭하는 표현이 들어
가게 된다.

-The apple <u>on the table</u> is delicious: 일반적인 사

과(a apple)가 아니라 책상(과 연관되어)위에 있는 사과(특정)가 맛있다는 특정표현이므로 the를 사용

-Sorry for the inconvenient(불편을 드려 죄송합니다): 이미 불편한 내용을 서로 알고 있는 특정한 사항이므로 불가산명사지만 강조의 의미로 특정지여 표현

-형용사의 최상급은 다른 것에 비해서(연관되어) 1개 밖에 없는 가장 좋은 특정한 것이므로 최상급 앞에는 the를 붙인다.

예)The best choice

2.일반한정사

소유격(my), 지시사(this), 관계사(which)

this book: 이 책이라는 구체적 지칭

3.수량한정사

우리(한국인)은 수량(數量)이라는 개념을 통칭해서 생각하지만 서양인은 수(數, 개수)와 양(量, 많고 적음)으로 분리하여 생각한다. 가산명사의 경우는 수에 대한 표현(a, 복수)과 양에 대한 표현을 모두 사용가능 하지만 불가산 명사는 수에 대한 표현을 하지 못하고(a 또는 복수를 사용하지 않고) 양에 대한 표현(little, much)만을 한다.

가산명사(+복수): (a)few many

불가산명사(+단수): (a)little much

　예)(가산) a few friend<u>s</u>

　　(불가산)

　　　I have no money　　　　돈이 없다

　　　I have little money　　　돈이 거의 없다

　　　I have a little money　　돈이 좀 있다

　　　I have much money　　　돈이 많이 있다

양쪽 모두 사용: some no any all

　Would you have some tea? 차드시겠어요?

-부정사: each, every

every인 경우 해석은 '모든'이라고 하지만 단어의 뉘앙스는 '각각의 모든'이라는 뉘앙스를 가지므로 단수 취급을 한다(집합명사 참조).

　Every member is present. 모든 회원이 참석하다.

all인 경우는 복수동사표현을 하지만 이것도 단수동사 표현할 경우가 있다.

　All food is for free　모든 음식이 무료입니다.

단수취급: every, each. another, nobody/nothing

　　　　　anyone/someone(~thing, ~body)

（each/every+ 단수명사) + 3인칭단수취급동사(~s)

복수동사표현: all, other

(all+ 복수명사) + 복수동사표현(동사원형)

-전치사: 전치사는 명사 앞에 와서 명사를 부사의 의미로 바꾸어 주기 때문에 일종의 한정사이다.

제2장 외워야 할 영어 구문

암기야말로 모든 학문을 익히는
시발점이다.

100. promise 형: 주어+자동사/가주어

100. I promise

101. It depends

102. Doesn't matter

103. It hurts

104. The book helps

105. The accident happens

106. You failed

107. That[It] figures

108. He left

109. It works

110. Every person counts.

111. Can I proceed?

112. The final countdown has commenced

113. Does this accident occur often?

114. Can it continue?

115. Tom's eyes fell

116. There is a scratch on my desk.

117. It seems that Jane is pretty.

*100. promise 형: 주어+자동사/가주어 (번역)

100. 내 약속하지

101. 그 때마다 달라요

102. 상관없어

103. 아파

104. 이 책이 도움이 된다.

105. 사건이 발생되다.

106. (너)시험에 떨어졌어.

107. 그럴 줄 알았어!

108. 그는 떠났어.

109. 동작되네.

110. 모두가 중요해

111. 진행해도 돼요?

112. 마지막 점검이 시작되었다.

113. 이런 사고는 빈번히 일어나는가?

114. 계속할까요?

115. 탐이 눈을 내리깔았다.

116. 내 책상 위에 흠집이 나 있다.

117. 제인은 예뻐 보여.

120. graduate 형: 주어+자동사+전명구

120. She graduated from college.

121. I am listening to music

122. She looked at me

123. Let's go for a movie

124. This area account for about 30% of total area.

125. We object to GMO food.

126. The enemy agreed to a truce.

127. She arrived at Seoul

128. Many customers complained of malfunction.

129. It pays to lose

130. It grows on you

131. You shouldn't interfere with his effort.

132. I will participate in that election.

133. I am waiting for the taxi.

134. I apologize for my mistake.

135. you have to start from scratch.

136. A reply to Doctor Kim.

137. I will consent to his request.

138. To add to the chaos, I failed exam.

139. The emergency admits of no delay.

*120. graduate 형: 주어+자동사+전명구 (번역)

120. 그녀는 대학을 졸업했다.

121. 나는 음악을 듣는 중이다.

122. 그녀는 나를 바라보았다.

123. 영화 보러 가자.

124. 이것은 전체면적의 30%를 차지한다.

125. 우리는 유전자변형 식품을 거부한다.

126. 적들은 휴전에 동의했다.

127. 그녀는 서울에 도착했다.

128. 많은 고객들이 오작동에 불평하였다.

129. 지는 것에 보상이 따른다.

130. 같이 있다 보면 정들어

131. 너는 그의 노력에 방해하면 안 된다.

132. 나는 그 선거에 참여할 것이다.

133. 택시를 기다리는 중이다.

134. 내 실수에 사과한다.

135. 처음부터 다시 시작해야 한다.

136. 김 박사에게로의 답신

137. 그의 요청에 동의할 것이다.

138. 설상가상 나는 시험에 떨어졌다.

139. 응급조치는 즉각 이루어져야 한다.

200. 불완전자동사 문형: be동사/감각동사

200. be동사+ 주격보어

200. The cat is cute

201. That battery is dead

202. Tom is a good cook

203. My dream is to be a dentist

204. My job is teaching physics

205. the truth is that Tom was married

206. It couldn't be better

207. Be my guest

208. I am serious

209. I am desperate

210. Tom is weird

211. My leg is asleep

212. 감각동사+ 주격보어

212. It smells good.

213. I tasted all kinds of bread

214. It sounds fun

215. I feel wronged.

216. She looks pale.

*200. 불완전자동사 문형: be동사/감각동사 (번역)

<u>*200. **be동사**+ 주격보어 (번역)</u>

200. 고양이가 귀여워

201. 배터리가 다 됐어

202. 탐은 요리를 잘해

203. 내 꿈은 치과의사 되는 것

204. 내 직업은 물리 교사

205. 진실은 탐이 결혼했었다는 것이다.

206. 더 좋을 수 없어

207. 네, 그렇게 해요

208. 심각해

209. 절망적이야

210. 탐은 이상해

211. 다리가 저려오네.

<u>212. **감각**동사+ 주격보어 (번역)</u>

212. 냄새가 좋아.

213. 모든 종류의 빵을 맛보았어.

214. 재미있어 보여

215. 억울하다 느껴

216. 그녀는 창백해 보여.

220. become 형: be동사(류)+ 보어(형용사)

220. The street becomes messy

221. The team will go wrong because of Harry.

222. My dream comes true

223. He grew a rich man

224. Get dressed

225. He fell fast asleep.

226. Tom turns red in a panic.

227. He will make a kind doctor.

228. We will ran low on food in two weeks.

229. She keep loud

230. Jack remains unmarried.

231. A bench stood in the park.

232. Jane stayed the night at the hotel.

233. He laid down on the floor.

234. Tom held to his way.

235. The hot weather continued for 3 days.

236. John seems to be rich.

237. Her photo appears in the magazine.

238. The rumor proved true.

*220. become 형: be동사(류)+ 보어(형용사) (번역)

220. 거리가 지저분해지기 시작한다.

221. 해리 때문에 팀이 잘못될 거야.

222. 내 꿈이 실현된다.

223. 그는 커서 부자가 되었다.

224. 옷 입어

225. 그는 깊은 잠에 빠졌다.

226. 탐은 당황해 붉어졌다.

227. 그는 친절한 의사가 될 거야.

228. 우리는 2주내에 음식이 바닥날 거야.

229. 그는 계속 소리를 질렀다.

230. 잭은 미혼으로 남아 있다.

231. 벤치가 공원에 있다.

232. 제인은 호텔에서 하루를 묵었다.

233. 그는 마루에 드러누웠다.

234. 탐은 길을 계속해 나아갔다.

235. 더운 날씨는 3일 계속되었다.

236. 존은 부자처럼 보여.

237. 그녀의 사진이 잡지에 나왔다.

238. 소문은 사실로 판명됐다.

240. bore/get 형: 과거분사(수동형)/현재분사

240. I'm bored.

241. The class is boring.

242. I am excited

243. The movie is exciting.

244. I am disgusted

245. Juice tastes disgusting.

246. I am exhausted

247. I was scared

248. Jane is embarrassed

249. I'm impressed.

250. I am done.

251. I am finished.

252. The meeting is suspended

253. I am confused

254. Are you married?

255. I am so annoyed

256. Tom was bewildered

257. She might get irritated

258. Let's started

*240. bore/get 형: 과거분사(수동형)/현재분사 (번역)

240. 지루해

241. 수업이 지루해

242. 흥분돼

243. 영화가 흥미진진해.

244. 구역질 나(기분)

245. 주스 맛이 역겨워

246. 지쳤어

247. 무서워

248. 제인이 당황해 한다.

249. 감명 받았어

250. 끝났어.

251. 난 끝났어.

252. 회의가 연기됐어.

253. 혼동돼

254. 결혼했어?

255. 너무 짜증나

256. 탐이 당황해 했다.

257. 그녀가 화가 난거 같아

258. 시작해

260. afraid 형: 감정형용사(+전명구/that절)

260. I am afraid of dogs

261. Jane is afraid (that) she will fail the exam.

262. I glad to hear that.

263. I am glad that you pass the exam.

264. I am astonished at Tom's comment.

265. I were astonished that they had a party for me.

266. I proud of my son.

267. I am very pleased with my new computer.

268. You will be amazed How wonderful his house is.

269. I was surprised at its size.

270. Tom is worried about my health.

271. Jane was blamed for her cheating.

272. I am satisfied with his success.

273. Don't be disappointed

274. Don't be frightened

275. You should be ashamed of yourself

*260. afraid 형: 감정형용사(+전명구/that절) (번역)

260. 나는 개가 무서워

261. 제인은 시험에 떨어질까 봐 걱정해

262. 그 이야기 들으니 기쁘다.

263. 시험에 합격해 기쁘다.

264. 탐의 말에 놀랐어.

265. 나를 위해 파티를 열어 놀랐어.

266. 내 아들이 자랑스러워.

267. 새 컴퓨터에 만족해.

268. 그의 집이 얼마나 멋있는지 놀랄 거야.

269. 그 크기에 놀랐어.

270. 탐이 내 건강을 걱정해.

271. 제인의 기만행위는 비난받아야해.

272. 그의 성공에 만족해.

273. 낙담하지 마

274. 놀라지 마

275. 스스로 부끄러워해야 해.

280. aware/think: 인식술어(+전치사/that절)+기타

280. Jack became aware of music.

281. Please be aware that all oily foods are unhealthy

282. I am sure all of you are bored.

283. John is sure to win.

284. I am convinced of his guilt.

285. Tom is confident of his victory.

286. I am interested in his suggestion.

287. Mike is conscious of his own shortcomings

288. John is ignorant of the time yet.

289. I am certain of Jackson's innocent.

290. He seems to be fascinated by her beauty.

기타

291. The plaza will be crowded with tons of people

292. Judy falls asleep with her arms folded

293. The fine was imposed on him.

294. you are wanted on the phone.

295. I'm entitled to do this

296. Jane is eligible for membership.

297. What would Tom be capable of?

*280. aware/think: 인식술어(+전치사/that절)+기타 (번역)

280. 잭은 음악에 대해 알기 시작했다.

281. 모든 기름진 음식은 건강에 안 좋다는 것을 알아야 한다.

282. 나는 너희들 모두가 지루하다는 것을 안다.

283. 존은 꼭 이긴다(내가 생각하기에)

284. 그의 죄를 확신해.

285. 탐은 그의 승리를 확신해.

286. 그의 제안에 관심 있어.

287. 마이크는 자기 결점을 자각하고 있다.

288. 존은 아직 시간가는 줄 모르고 있다.

289. 나는 잭슨의 결백을 확신한다.

290. 그는 그녀의 아름다움에 매료된 듯하다.

기타

291. 광장은 많은 사람들로 운집할 것이다.

292. 주디는 팔을 포갠 채 잠들어 있다.

293. 그에게 벌금이 부과되었다.

294. 전화 왔어요.

295. 나는 이것을 할 자격이 있다.

296. 제인은 회원 될 자격이 있다.

297. 탐은 무엇을 할 수 있을까?

300. know 형: 완전타동사+ 목적어

300. Do I know you?

301. I crave some pizza.

302. We have chemistry

303. I approach him

304. Jane budged her money

305. that rule benefits him.

306. Jim dusted the furniture.

307. Can I accompany you?

308. Peter discussed the issue with us

309. I will miss you

310. I can't afford it

311. It causes many problems.

312. Would you marry me?

313. I have a running nose

314. You beat me to the punch.

315. I am going to hit the sack

316. I have no appetite

*300. know 형: 완전타동사+ 목적어 (번역)

300. 저 아세요?

301. 나는 피자를 정말 좋아해.

302. 우리는 잘 맞아

303. 그에게 다가서다.

304. 제인은 쓸 돈의 예산을 세웠다.

305. 그 규칙은 그에게 유리하다.

306. 짐이 가구의 먼지를 털었다.

307. 같이 가도 돼요?

308. 피터는 우리와 같이 문제를 의논했다.

309. 너를 그리워할 거야.

310. 나는 여유가 되지 않아.

311. 많은 문제를 야기해.

312. 나랑 결혼해 줄래요?

313. 콧물이 흐르네.

314. 네가 먼저 선수를 쳤네.

315. 자러 갈 거야.

316. 먹고 싶지 않아.

320. think(인식)/suggest(요구동사)

320. think 형(인식): 완타+that절/불타+목적보어(to be)

320. I thought (that) Peter was right.

321. I believe that Jane is smart.

322. I don't know what he want.

323. He claimed that he knew the truth.

324. Tom maintains that he is innocent.

325. Let's assume that Tom is innocent.

326. People say that Korea is beautiful country.

327. He reported that the project will be finished soon.

328. I don't agree that it is the best choice.

329. This study shows that people want to be rich.

330. suggest 형(요구): 완타+that절+(should)+동사원형

330. John suggested that Mr.Kim take a english lesson.

331. He insist that his son study hard.

332. She recommended that you be careful.

333. I demanded that Jim manager his life effectively.

334. This indicates that he already finished his work.

*320. think(인식)/suggest(요구동사) (번역)

320. think 형(인식): 완타+that절/불타+목적보어(to be)(번역)

320. 피터가 옳다고 생각했어.

321. 제인은 똑똑하다고 믿어.

322. 그가 무엇을 원하는지 모르겠어.

323. 그는 진실을 안다고 주장했어.

324. 탐은 자신의 무죄를 주장해.

325. 탐이 무죄라고 치자(가정하자).

326. 사람들은 한국이 아름다운 나라라고 한다.

327. 그는 프로젝트가 곧 끝날 거라고 보고했다.

328. 나는 이것이 최상의 선택이라는 데 동의하지 않는다.

329. 연구는 사람들이 부자가 되기를 원한다는 것을 보여준다.

330. suggest 형(요구): 완타+that절+(should)+동사원형 (번역)

330. 존은 김이 영어수업을 들어야 한다고 제안했다.

331. 그는 그의 아들이 열심히 공부한다고 주장한다.

332. 그녀는 당신에게 조심하라고 권고한다.

333. 나는 짐이 그의 인생을 효율적으로 관리하라고 요구했다.

334. 이것은 그가 벌써 일을 끝냈다는 것을 나타낸다.

340. want 형: 완전타동사+ to부정사

340. I want to know bitterness of want.

341. I wish to purchase this purse.

342. This desk needs to be fixed

343. Does he agree to hunt?

344. Jack decided to be a doctor.

345. I expect to find treasure.

346. I don't pretend to be a professor

347. I hope to be a doctor.

348. I plan to visit his home tomorrow.

349. I promised to buy you a cat.

350. I mean to inform him of my decision.

351. John managed to achieve a goal.

352. He would choose to study with Jane.

353. She would prefer to lose weight.

354. I determined to work.

355. What does Tom intend to do next?

356. Jim declined to go to her house.

357. He threatened to leave Seoul

358. The lectures have been arranged to help them.

340. 나는 가난의 고통을 알기를 원한다.

341. 이 지갑을 사고 싶다.

342. 이 책상은 고쳐야 하겠다.

343. 그가 사냥하는 것에 동의했어?

344. 잭은 의사가 되기로 결정했다.

345. 나는 보물을 찾을 거라 생각해.

346. 나는 교수인체 할 생각은 없어

347. 나는 의사가 되기를 바래.

348. 나는 내일 그의 집을 방문할 계획이야.

349. 너에게 차를 사 줄 거라고 약속했어.

350. 나는 그에게 나의 결정을 알려줄 생각이야.

351. 존은 어떻게든 목표를 달성하려고 해.

352. 그는 제인과 함께 공부하고 싶어 해.

353. 그녀는 몸무게를 줄이고 싶어 해.

354. 나는 일하기로 결정했어.

355. 탐은 다음에 뭘 할 것이야?

356. 짐은 그녀의 집에 가는 것을 거절했어.

357. 그는 서울을 떠나겠다고 협박했어.

358. 그들을 도울 강연이 준비되어 있다.

360. enjoy 형: 완전타동사+ 동명사

360. He began to enjoy playing golf.

361. She avoided making eye contact.

362. When you finish studying, you can hang out.

363. He didn't mind coming at all.

364. Tom proposed giving up its merit.

365. How long do you practice playing the piano?

366. John suggested taking a walk.

367. He delayed making a conclusion.

368. Jane denied trying to help him.

369. How could Jack quit smoking?

370. You can consider adopting a child.

371. Doctor recommended taking a digestive medicine.

372. Tom dislike learning math.

373. Keep walking!

374. I recalled hiking with my father.

375. How can I tolerate cutting inline?

376. Don't risk crossing the river.

*360. enjoy 형: 완전타동사+ 동명사 (번역)

360. 그는 골프를 즐기기 시작했다.

361. 그녀는 눈을 마주보는 것을 피했다.

362. 공부 끝나면 나가 놀아라.

363. 그는 전혀 개의치 아니 하고 왔다.

364. 탐은 그것의 이점을 포기했다.

365. 얼마나 오래 피아노를 연습했나?

366. 존은 걷자고 했다.

367. 그는 결론내기를 미루었다.

368. 제인은 그를 도와주려 했다는 것을 부인했다.

369. 잭은 어떻게 담배를 끊을 수 있었나?

370. 양자 들이는 것을 고려할 수 있어.

371. 의사가 소화제를 먹으라고 권고했어.

372. 탐은 수학 배우기를 싫어해.

373. 계속 걸어!

374. 나는 아버지와 등산가는 것을 회상했다.

375. 어떻게 새치기 하는 것을 봐줄 수 있어?

376. 강을 건너는 것에 모험을 걸지 마!

380. like 형: 완전타동사+ 모두(to부정사/동명사)수반

380. I like riding a bike

381. I like to play tennis.

382. She love reading a mystery novel

383. He didn't intend to cheat her.

384. The cat started to look cute when I started watching.

385. My elder brother began to lose his hearing.

386. He attempted to get a scholarship, but it was in vain.

387. Jim is continuing to study the action of a dog.

388. I prefer hiking to running.

389. I remember to attend that party tonight.

390. As a student, I remember studying hard.

391. I forgot to meet her.

392. He tried to pass the exam.

393. I regret spending money on horses.

394. They encouraged learning.

395. I spend every Sunday (in) playing golf.

396. She accused him as a thief.

397. He taped her on the shoulder.

*380. like 형: 완전타동사+ 모두(to부정사/동명사)수반 (번역)

380. 자전거 타기를 좋아해.

381. 테니스 하기를 좋아해 .

382. 그녀는 추리소설 읽기를 좋아해.

383. 그는 그녀를 속일 의도가 없었다.

384. 내가 보기 시작하자 고양이는 귀엽게 보이기 시작했다.

385. 나의 형은 청력을 잃기 시작했다.

386. 그는 장학금을 타려 했으나 실패했다.

387. 짐은 개의 행동을 연구하기 시작하는 중이다.

388. 나는 달리기보다 등산을 좋아한다.

389. 나는 오늘밤 파티에 참석할 것을 기억한다.

390. 학생이었을 때 열심히 공부했던 것을 기억한다.

391. 그녀를 만난다는 것을 깜빡했다.

392. 그는 시험에 합격하려고 시도했었다.

393. 나는 경마로 돈을 날린 것을 후회한다.

394. 그들은 학문을 장려했다.

395. 나는 매 일요일 골프로 소일한다.

396. 그녀는 그를 도둑으로 고소했다.

397. 그는 그녀의 어깨를 두드렸다.

400. drive 형: 불타형식 목적격보어(형용사류)

400. He drives me crazy

401. She made me a doctor.

402. Don't get me wrong.

403. I have my hair cut.

404. I had my tooth pulled out.

405. The news make me surprised.

406. He made the class boring

407. I want you to take a taxi.

408. Jerry made it a goal to master English.

409. He found it difficult to pass the exam.

410. Dogs are known to be very faithful animals.

411. I know Peter to be innocent.

412. Suppose the area (to be) 100 square meters.

413. I guessed Jeff to be a policeman.

414. I considered him to be a doctor.

415. I reported my son missing.

*400. drive 형: 불타형식 목적격보어(형용사류) (번역)

400. 그는 나를 돌게 하다.

401. 그녀는 나를 의사가 되게 했다.

402. 오해하지 마.

403. 머리 깎았어.

404. 이빨 뽑았어.

405. 뉴스가 나를 놀라게 했어.

406. 그는 수업을 지루하게 했어.

407. 네가 택시를 타기를 원해.

408. 제리는 영어 정복을 목표로 삼았다.

409. 그는 시험에 합격하는 것이 힘들다는 것을 알았다.

410. 개는 매우 충직한 동물로 알려지다.

411. 피터가 무죄인 것을 알아.

412. 면적이 100제곱미터라 가정하자.

413. 나는 제프가 경찰관이라 추측했어.

414. 나는 그가 의사라 생각했어.

415. 나는 아들이 실종되었다고 신고했다.

420. make 형: 불타형식(목적보어): 사역/지각, to수반

420. This dress makes her look like a lady.

421. Please have Tom go home immediately.

422. My father lets me watch TV if I finish homework.

423. I saw him enter the room

424. Jim watches her studying in the class room.

425. I heard Tom singing in front of classmates.

426. How do you get her to dance at the stage?

427. I can help him to finish his project.

428. I need you to understand it.

429. I urged him to make efforts to get a good results.

430. I recommended him (to) study hard.

431. I persuaded Jane to go the festival.

432. He asked me to meet the goal.

433. Tom compelled his students to read that textbook.

434. My doctor advised me to get up early

435. The internet has allowed us to know a lot of things.

438. The boss ordered me to finish that project by 7pm.

437. His boss encouraged him to advance a technical skill.

*420. make 형: 불타형식(목적보어) 사역/지각, to수반 (번역)

420. 이 옷이 그녀를 숙녀처럼 보이게 한다.

421. 탐이 즉시 집으로 가게 하세요.

422. 나에게 아버지가 숙제 끝나면 TV 보라 하셨다.

423. 방으로 들어가는 그를 보았다.

424. 짐은 교실에서 공부하는 그녀를 보고 있다.

425. 나는 탐이 급우 앞에서 노래 부르고 있는 것을 들었다.

426. 너는 어떻게 그녀를 무대에서 춤추게 하겠냐?

427. 나는 그가 과제를 끝낼 수 있게 도와줄 수 있다.

428. 네가 이것을 이해할 필요가 있어.

429. 나는 그가 좋은 결과를 얻도록 노력할 것을 촉구했다.

430. 나는 그에게 열심히 공부하라고 조언했다.

431. 나는 제인이 축제에 가도록 설득했다.

432. 그는 내가 목표 달성하라고 요구했다.

433. 탐은 학생들에게 그 교재를 읽으라고 강요했다.

434. 의사가 나에게 일찍 일어나라고 조언했다.

435. 인터넷은 우리들에게 많은 것을 알 수 있게 해주어 왔다.

438. 상사가 나에게 7시까지 과제를 끝낼 것을 지시했다.

437. 그의 상사는 그가 기술적 기술이 진보하게 격려했다.

480. 불타형식: 구동사

480. fill it up

481. put it down on the floor

482. pick me up at 7.

483. get my money back

484. try it on

485. hear me out

486. He did not show up on time.

487. I've been reading up Tom.

488. I am going to write it out.

489. Will you ask her out?

490. I broke up with Jane.

491. Tom and Jerry don't get along

492. Tom threw it awayW

493. I put him on a list.

*480. 불타형식: 구동사 (번역)

480. 가득 채워요.

481. 바닥에 내려놓아라.

482. 7시에 나를 데리러 와요.

483. 돈을 환불받다.

484. 이거 입어봐.

485. 끝까지 들어줘.

486. 제시간에 나타나지 않았다.

487. 나는 탐에 대해 조사해 오는 중이다.

488. 이것을 쓰려고 한다.

489. 그녀에게 데이트 신청할 거야?

490. 나는 제인과 헤어졌어.

491. 탐과 제리는 서로 잘 지내지 못해.

492. 탐은 그것을 멀리 던져 버렸다.

493. 그를 명단에 올렸다.

500. 주요 파생문형

수여동사

500. Can I give you a ride?

501. Can I get you something to drink?

502. Jim made her a new skirt.

503. Bring me the book.

504. He taught me English.

505. She pick me an apple.

506. She bought me a car.

507. I wrote you a letter

508. I sent him a bag.

509. She offered me a olive branch.

510. They granted me a scholarship.

511. Tom recommended me the book.

512. She boiled me a tea.

513. She poured me a tea.

514. It costs him much time .

515. It showed me the future.

516. Tom lent me $100.

517. My boss assigned me a financial affairs.

*500. 주요 파생문형 (번역)

<u>수여</u>동사 (번역)

500. 태워줄까?

501. 마실 것 좀 줄까?

502. 짐은 그녀에게 새 스코트를 만들어 주었다.

503. 책 좀 가져다 줘.

504. 그는 나에게 영어를 가르쳐 주었다.

505. 그녀는 나에게 사과를 집어 주었다.

506. 그녀는 나에게 차를 사주었다.

507. 나는 너에게 편지를 써 주었다.

508. 나는 그에게 가방을 주었다.

509. 그녀는 나에게 화해를 제안하다.

510. 그들은 나에게 장학금을 보장해 주었다.

511. 탐은 나에게 책을 추천해 주었다.

512. 그녀는 나에게 차를 끓여 주었다.

513. 그녀는 너에게 차를 부어 주었다.

514. 그는 이것에 많은 시간을 들였다.

515. 이것은 나에게 미래를 보여주었다.

516. 탐은 나에게 100달러를 빌려주었다.

517. 내 상사는 나에게 재무관련 일을 배정해 주었다.

520. 특정 전치사 수반: 이중 목적어

rob 형(A of B): A에게서 B를 빼앗다

520. He robbed me of money.

521. you must rid the road of trash.

522. They deprived him of his property

523. He cleared the floor of garbage.

524. She relieved her son of burden

inform 형(A of B): A에게 B를 알리다

525. John informed us of his decision

526. She reminds me of my mother

527. Tom notified me of her death

528. He assured me of his support

529. Jane convinced me of my success.

provide 형(A with B): A에게 B를 공급하다

530. Tom provided me with food.

531. John presented me with his compliments

532. He furnished me with the land to build a house.

533. My boss endowed me with stock options.

534. Jack entrusted me with his property.

*520. 특정 전치사 수반: 이중 목적어 (번역)

*rob 형(A of B): A에게서 B를 빼앗다

520. 그는 나에게서 돈을 빼앗아 갔다.

521. 너는 길 위의 쓰레기를 제거해야 해.

522. 그들은 그로부터 재산을 갈취했다.

523. 그는 마루에 있는 쓰레기를 치웠다.

524. 그녀는 아들의 짐을 덜어 주었다.

*inform 형(A of B): A에게 B를 알리다

525. 존은 우리에게 그의 결정을 통보했다.

526. 그녀는 나의 어머니를 생각나게 한다.

527. 탐은 나에게 그녀의 죽음을 알렸다.

528. 그는 나에게 그의 도움을 확신시켰다.

529. 제인은 나의 성공을 확신시켰다.

*provide 형(A with B): A에게 B를 공급하다

530. 탐은 나에게 음식을 제공하였다.

531. 존은 나에게 감사를 전해주었다.

532. 그는 나에게 집을 지을 수 있게 땅을 제공해 주었다.

533. 내 상사는 나에게 스톡옵션을 주었다.

534. 잭은 나에게 그의 재산을 맡겼다.

540. 직접목적어+특정 전치사 수반: 타동사+ 직목+ 전명구

praise 형(A for B): A를 B에 대해 칭찬(/벌)하다

540. He praised his staff for the good job.

541. My father scolded me for missing the train.

542. She blamed me for being inefficient.

543. Forgive me for being late.

544. The teacher punished him for the poor score.

prevent 형(A from B): A를 B하지 못하게 지키다

545. You must prevent him from violating a promise.

546. He kept me from the enemy.

547. The accident deterred us from playing tennis.

548. The noise hindered us from listening.

549. He prohibited us from entering

regard 형(A as B): A를 B로 간주하다

550. They regarded it as praise.

551. I think of Tom's idea as absurd.

552. He treat it as the ladder of success

553. They referred to it as a signal of happiness.

554. He accepted it as true.

*540. 직목+특정 전치사 수반: 타동사+ 직목+ 전명구 (번역)

*praise 형(A for B): A를 B에 대해 칭찬(/벌)하다

540. 그는 그의 부하에게 잘했다고 칭찬했다.

541. 아버지가 기차를 놓쳤다고 나에게 야단치셨다.

542. 그녀는 비능률적인 것을 내 탓이라 했다.

543. 늦어서 미안합니다.

544. 선생님은 그가 낮은 점수를 받아 벌을 주었다.

*prevent 형(A from B): A를 B하지 못하게 지키다

545. 당신은 그가 약속을 어기지 말게 해야 한다.

546. 그는 적으로부터 나를 지켰다.

547. 그 사고가 우리로 하여금 테니스를 그만두게 했다.

548. 그 소음이 우리가 듣는 것을 방해했다.

549. 그는 우리가 들어가지 못하게 했다.

*regard 형(A as B): A를 B로 간주하다

550. 그들은 그것을 칭찬으로 생각한다.

551. 나는 탐의 아이디어가 말도 안 된다고 여긴다.

552. 그는 그것을 성공의 계단이라 여긴다.

553. 그들은 그것을 행복의 신호라 간주한다.

554. 그는 그것이 옳다고 받아들였다.

560. 변형문장: 생략/도치/대치

560. 생략 구문

560. The book (which is) on the table is blue.

561. While (I was) napping, my wife made a dish.

562. The book (which) Tom gave was interesting.

563. The girl (that) I saw yesterday is pretty.

564. He spends every weekend (in) playing golf.

565. 도치 구문

565. Were you a my boss, you should promote me.

566. Never did I hear about that

567. Hardly had she entered the office when he turned on the power

568. On the stage was Judy in red.

570. 대치 구문

570. Whose is this book?

571. If you have any money, lend me some

572. Is Tom in?

573. It is very hard to study English

574. There is a house there.

*560. 생략 구문

560. 책상 위에 있는 책은 푸르다.

561. 내가 조는 동안에 부인은 요리를 했다.

562. 탐이 준 책은 재미있어.

563. 어제 내가 본 소녀는 아름답다.

564. 그는 매 주말을 골프로 소일한다.

*565. 도치 구문

565. 당신이 내 상사였다면 나를 승진시켰을 것인데.

566. 결코 그것에 관해 들은 바 없어.

567. 그녀가 사무실에 막 들어서는데(사무실에 들어가자마자)
     그가 전기를 켰다.

568. 무대에 있던 사람은 붉은 옷을 입은 쥬디였다.

*570. 대치 구문

570. 이 책은 누구의 것입니까?

571. 돈 좀 가지고 있으면 좀 빌려줘.

572. 탐이 안에 있어?

573. 영어 공부는 무척 힘들어.

574. 저기에 집이 있다.

600. 시제, 가정법

600. 시제

600. I wash my face every evening.

601. The bus leaves at 10am tomorrow.

602. Do you know when he will come back?

603. If it rain, I won't go hiking.

604. Tom is known to have been killed in the war.

605. How long are you staying in korea?

606. Have you been to New York?

607. I've been in Seoul for 3 years.

608. Tom has gone to London.

609. When is he supposed to see them?

610. Tom was about to leave for Daegu.

611. 가정법

611. If I were rich, I could give him some money.

612. If it be fine tomorrow, I will visit his office.

613. If it should snow tomorrow, the meeting would
be delayed.

614. I wish he were no guilty.

*600. 시제, 가정법 (번역)

*600. 시제 (번역)

600. 나는 매일 세수한다.

601. 버스가 내일 7시에 출발할 것이다.

602. 그가 언제 돌아올 건지 알고 있니?

603. 만약 비가 오면 나는 등산가지 않을 거야.

604. 탐은 전쟁에서 죽은 거로 알려졌어.

605. 한국에 얼마 머무르실 것입니까?

606. 뉴욕에 가 보았습니까?

607. 나는 3년 동안 서울에서 살고 있어.

608. 탐은 런던으로 가버렸어.

609. 그들을 언제 만나기로 되어 있어?

610. 탐은 대구로 떠날 예정이었다.

*611. 가정법 (번역)

611. 내가 부자라면 그에게 약간의 돈을 줄 수 있었을 것인데.

612. 내일 날이 좋으면 그의 사무실을 방문할 거야.

613. 만약 내일 눈이 온다면 회의는

     연기될 것이야.

614. 그가 죄가 없기를 빌어.

700. 명사와 한정사

700. two glasses of water

701. a cup of tea

702. a cup of coffee

703. two loaves of bread

704. a sheet of paper

705. a pair of shoes

706. a piece of cake

707. two bottles of beer

708. a bar of soap

709. a pair of trousers

710. We have much rain in this season.

복수 표현

congratulations, gratitudes,

shoes, pants, gloves, glasses, scissors

*700. 명사와 한정사 （번역）

700. 물 두 컵

701. 차 한 잔

702. 커피 한 잔

703. 빵 두 덩어리

704. 종이 한 장

705. 신발 한 켤레

706. 케이크 한 조각

707. 맥주 두 병

708. 비누 두 개

709. 바지 한 벌

710. 이번 계절에는 비가 많이 오네.

*복수 표현 （번역）

축하, 감사인사,

신발, 바지, 장갑, 안경, 가위

800. 주요 동사

주요동사(get)

800. It got stained.

801. Get dressed!

802. Can I get your name?

803. Got it?

804. Get you room cleaned.

805. Get home in time.

806. It will get worse and worse

807. I got paid in cash

808. Don't get me wrong

809. I am getting nervous

810. You have to get off to a good start

811. Let's get working

812. get a cold

813. get a light?

814. get off work

815. get to the point

816. get a taxi

817. get a seat

818. get him to the hotel.

*800. 주요 동사

*주요동사(get) (번역)

800. 얼룩졌어.

801. 옷 입어!

802. 이름을 알 수 있을까요?

803. 알아?

804. 방을 깨끗이 해.

805. 집에 시간 내에 들어와.

806. 점점 더 나빠지네.

807. 현금으로 받았어.

808. 오해하지 마

809. 점점 신경 쓰이네.

810. 출발이 좋아야 해.

811. 자 일합시다.

812. 감기 들다.

813. 불 있어요?(담배 등을 피우기 위해)

814. 퇴근하다

815. 요점을 말하다

816. 택시 잡어

817. (의자 가져와)앉아

818. (어떻게 하든)그를 호텔로 데려다줘.

820. 주요동사(go)

820. I go to seoul national university

821. I went to seoul national university

822. We went to school together

823. We went to the same school

824. This road goes to london

825. I went for a walk

826. I went shopping yesterday

827. I go to bed

828. I go to school

829. Go easy on him

830. The prize went to his rival

831. Where doe the piano go sir?

832. I'll go as high as 500$

833. He went to great expense on it

834. How's it going

835. Here we go.

836. Did she go see a doctor?

837. That tie goes well with your suit

838. It's not going to work

*820. 주요동사(go) (번역)

820. 나는 서울대를 다니고 있습니다.

821. 나는 서울대를 나왔습니다.

822. 우리는 동기 동창입니다.

823. 우리는 같은 학교 나온 동문입니다.

824. 이 길은 런던으로 통한다.

825. 산책하러 갔다.

826. 나는 어제 장보러 갔다.

827. 나는 잠자리에 들다.

828. (공부하러) 학교에 가다.

829. 그이한테 까다롭게 대하지 마세요.

830. 상은 상대방에게 돌아갔다.

831. 이 피아노를 어디에 놓을까요?

832. 내가 500달러까지 내겠다.

833. 그는 그것에 큰돈을 들였다.

834. 어떠세요?(인사)

835. 여기 있어요.

836. 병원에 다녀오셨나요?

837. 그 넥타이는 양복하고 잘 어울리는군요.

838. 그런 식으로는 안 될 거예요.

840. 주요동사(take)

840. take medicine

841. take a picture

842. take a bus

843. take place

844. take a shower

845. take a nap

846. take a rest

847. take a look

848. take a taxi

849. take a seat

850. take him to the hotel.

851. Is this seat taken?

860. 주요동사(make)

860. She will make a good nurse.

861. He made a office warm

862. I made him a friend

863. I made her a new toy.

*860. 주요동사(take) (번역)

840. 약을 먹다.

841. 사진을 찍다.

842. 버스를 타다.

843. 발생하다.

844. 샤워를 하다.

845. 낮잠 자다.

846. 휴식을 취하다.

847. 바라보다.

848. 택시 타.

849. 자리에 앉다.

850. 그를 (네가) 호텔까지 데려다 줘.

851. 이 좌석 임자 있어요?

*주요동사(make) (번역)

860. 그녀는 좋은 간호사가 될 거야.

861. 그가 사무실을 따뜻하게 했어.

862. 그는 그를 친구로 만들었다.

863. 그녀에게 새 장난감을 만들어 주었다.

900. 일상 대화 및 추가 어휘

900. TRIP

900. I'd like to make a reservation for a flight to Seoul.

901. When are you leaving

902. What brings you to korea?

903. I'll take the 2 pm flight

904. What's the check-in time for that flight?

905. I'd like to confirm my reservation

906. How often are departures for New york?

907. How long is the flight?

908. I'll meet your plane

909. I have a plane to meet at five

910. I have a plane to catch at five

911. Have you ever been to america?

912. How long were you away

913. How long have you been in seoul?

914. How long will you've gone this time?

915. My father is on the road

*900. 일상 대화 및 추가 어휘 (번역)

*900. TRIP (번역)

900. 시카고로 가는 비행기를 예약하고 싶습니다.

901. 언제 떠날 것입니까?

902. 한국에 무슨 일로 오셨습니까?

903. 오후 2시 비행기를 타겠습니다.

904. 그 비행기는 몇 시에 탑승수속을 합니까?

905. 예약을 확인하고 싶은데요?

906. 뉴욕으로 가는 비행기는 얼마나 자주 있나요?

907. 비행시간이 얼마나 되지요?

908. 공항으로 당신을 마중 나가겠다.

909. 나는 5시에 비행기로 도착하는 사람을 마중 나가야 한다.

910. 나는 5시에 비행기를 타야 한다.

911. 미국에 가보신 적이 있습니까?

912. 얼마간 다녀오셨는데요?

913. 서울에 오신 지 얼마나 됐는데요?

914. 이번에 가면 얼마나 오래 계실 건가요?

915. 우리 아버지는 여행 중이시다.

920. CAR

920. What's the fare?

921. Can you send a taxi?

922. We will pick you up at the hotel at 2 sharp

923. Where to ma'am

924. Could you step on it. Please?

925. Are we there get?

926. Do you need a ride?

927. Would you give me a lift

928. We should take turns driving

929. You can pull over now if you want

930. How long will it take by taxi?

931. How can I get the golden gate park?

932. You have to walk quite a way

933. May I show you the way?

934. It's the third door on your right.

935. What if I take a train?

936. How often do the buses run?

937. Where can I take the subway to Chamsil?

938. I am on my way

939. Where are you heading? Going my way?

*920. CAR （번역）

920. 가격이 얼마입니까?

921. 택시 좀 보내 주실래요?

922. 정각 2시에 호텔에 차를 대겠습니다.

923. 부인 어디로 모실까요?

924. 빨리 좀 가주실래요?

925. 다 왔습니까?

926. 차를 태워 드릴까요?

927. 차를 좀 태워 주시겠어요?

928. 교대로 운전을 해야겠어요.

929. 원하시면 지금이라도 한쪽에 세우세요.

930. 택시로 가면 얼마나 걸릴까요?

931. 금문교 공원으로 가는 길 좀 가르쳐 주시겠어요?

932. 당신은 꽤 걸으셔야 합니다.

933. 제가 길을 안내해 드릴까요?

934. 오른쪽에서 세 번째 문입니다.

935. 기차를 타면 어떤데요?

936. 이 버스는 얼마나 자주 다닙니까?

937. 잠실까지 가려는데 어디서 전철을 타야 합니까?

938. 지금 가는 길입니다.

939. 어디를 가냐? 나와 같은 방향이냐?

940. HOTEL

940. Do you take BC card?

941. I'd like to make a reservation for tomorrow night

942. All rooms are booked up for tomorrow night

943. I have a room reserved for tonight

944. Can I pay with travelers checks

945. Bellboy will be right up

946. Are there any vacancies?

947. How many are there in you party?

948. Two adults and three children

949. I phoned in a reservation for two

950. I need a wake up call at six in the morning

951. For how many people?

952. Let me check and see what we have available

953. I see we have you down for three night

954. Are the rooms next to each other?

955. I'm locked out, Could you give me a hand

*940. HOTEL (번역)

940. 비씨카드를 받습니까?

941. 내일 저녁 예약하려고 합니다.

942. 내일 저녁은 예약이 다 되어 있습니다.

943. 오늘 저녁 묵을 방을 예약했는데요.

944. 여행자 수표로 지불해도 될까요?

945. 벨 보이가 바로 올라갈 겁니다.

946. 빈방 있습니까?

947. 일행이 몇 분이시죠?

948. 어른 두 명하고 애들 세 명입니다.

949. 전화로 두 사람을 예약했는데요.

950. 아침 6시에 전화로 좀 깨워주십시오.

951. 몇 분이시죠?

952. 저희가 가지고 있는 것이 가능한 지 확인해 보죠.

953. 3일간 예약된 것으로 되어 있군요.

954. 방이 서로 붙어 있는 건가요?

955. 방에 열쇠를 두고 문을 잠갔어요. 도와주시겠어요?

960. STORE (상점에서)

960. It's a real good buy

961. Just browse around

962. What do I owe you?

963. The total comes to $ 555.66 including tax

964. I'll take that one

965. Too steep. Can you come down a little?

966. This is high-way robbery!

967. I'd like to get a refund on this

968. Have anything smaller (larger)?

969. Can I cash this check? please

970. Have you been waited on?

971. Do you give discounts?

972. It was a steal

*960. STORE (상점에서) (번역)

960. 정말 잘 샀다.

961. 그냥 구경하는 겁니다.

962. 얼마입니까?

963. 세금 포함하여 전부 555불 66센트입니다.

964. 저걸 사겠습니다.

965. 너무 비싸요. 좀 깎아줄 수 있어요?

966. 그것은 바가지다.

967. 이것을 반품하고 싶은데요.

968. 잔돈 없습니까?

969. 이 수표 현금으로 바꿀 수 있습니까?

970. 누군가에게 시키고 기다리시는 것입니까?

971. 깎아 주실 수 있습니까?

972. 바가지다.

980. Food (음식)

980. Do you have a table for ten?

981. May I take your order?

982. Here or to go?

983. I am expecting company

984. I have company coming

985. The next one is on me

986. I'll treat you to dinner

987. Make it the same

988. Are you being waited on, sir?

989. What will it be sir?

990. What would you like sir?

991. How would you like your steak?

992. Something light would be fine

993. What is this like?

*980. Food （음식） （번역）

980. 10명 앉을 자리 있습니까?

981. 주문 받아도 될까요?

982. 여기서 드실래요. 가져가실래요?

983. 동행을 기다리고 있어요.

984. 동행이 있어요.

985. 다음은 내가 살께.

986. 제가 저녁 식사를 대접하겠습니다.

987. 같은 것으로 주세요.

988. （음식을） 기다리고 계십니까?

989. 무엇을 드시겠습니까?

990. 무엇을 드시겠습니까?

991. 고기를 어떻게 익혀드릴까요?

992. 간단한 걸로 먹는 것이 좋겠군요.

993. 이 음식은 어떤 거지요?

1000. WORK (직장)

1000. I begin my day at 8:30 a.m

1001. What time do you report for work?

1002. I work tow jobs

1003. I'm out of work

1004. Is she gone for the day?

1005. May I take this thursday off please?

1006. He is out sick today

1007. He's just stepped out

1008. He is on vacation

1009. She is on maternity leave

1010. Let's call it a day. I go home at 5:30

1011. He called in sick today

1012. What firm do you work for?

1013. What line of business are you in?

1014. Who do you report to?

1015. Do you have any openings for a typist?

1016. What time do you get off?

1017. Who do you work for?

1018. My professor runs a restaurant on the side

1019. It took years of hard work

*1000. WORK (직장) (번역)

1000. 8시 반에 업무 시작합니다.

1001. 몇 시에 출근하니?

1002. 나는 두 가지 일을 뛴다.

1003. 나는 지금 놀고 있다.

1004. 그녀는 퇴근했습니까?

1005. 오는 목요일 쉬어도 되겠습니까?

1006. 그는 아파서 결근했습니다.

1007. 그는 잠깐 나갔어요.

1008. 그는 휴가 중이다.

1009. 그녀는 출산휴가 중이다.

1010. 오늘 그만 끝내자고 나는 5시 반에 퇴근이야.

1011. 그는 오늘 아프다고 전화 왔다.

1012. 어느 회사에서 일하냐?

1013. 어느 계통의 일을 하고 있습니까?

1014. 당신 상관은 누구십니까?

1015. 타자 직에 빈자리가 있나요?

1016. 몇 시에 퇴근하십니까?

1017. 어디에 근무하시죠.

1018. 우리 교수님은 부업으로 식당을 경영해요.

1019. 몇 해 동안 고생이 많았어요.

1020. CALL (전화)

1020. You are wanted on the phone

1021. I'd like to call Seoul korea collect

1022. Will you accept the charges?

1023. I'll buzz you

1024. This is he

1025. There is no one here by that name

1026. Can I speak to Mr. Moon?

1027. Will you hold on or call back?

1028. I will hang on

1029. Who is calling please?

1030. Can I leave a message then?

1031. He is not available right now. Can I take a message?

1032. Please tell him Tom called

1033. This is Park returning your call

1034. Mr. Kang referred me to you

*1020. CALL (전화) (번역)

1020. 전화 왔어요.

1021. 한국으로 수신자 부담 전화를 걸고 싶은데요.

1022. 요금 부담 하시겠어요?

1023. 당신에게 전화할게요.

1024. 내가 바로 그 사람이에요.

1025. 그럼 이름을 가진 사람은 없는데요.

1026. 문씨와 통화하고 싶은데요.

1027. 기다릴래요? 아니면 다시 전화할래요?

1028. 안 끊고 기다릴게요.

1029. 누가 전화 거신 겁니까?

1030. 그럼 말 좀 전해 줄래요?

1031. 그는 지금 없는데요. 메모를 남겨 드릴까요?

1032. 그에게 탐한테 전화 왔다고 이야기 해주세요.

1033. 박인데요, 당신 전화에 대한 응답전화입니다.

1034. 강선생님이 나에게 당신에게 전화 걸라 하셨어요.

1040. SCHOOL (학교)

1040. What schools have you attended?

1041. I am two years his senior

1042. I am three years my junior

1043. What glade are you in? Third

1044. What year are you in?

1045. Where do you go to school?

1046. How are you doing in school?

1047. I flunked math

1048. I skipped grades twice

*1040. SCHOOL (학교) (번역)

1040. 학력이 어떻게 되십니까?

1041. 나는 그의 2년 선배입니다.

1042. 나는 그의 3년 후배입니다.

1043. (어린애에게) 몇 학년이냐? 3학년입니다.

1044. (대학생에게)몇 학년이냐?

1045. 넌 어느 학교 다니니?

1046. 넌 공부 잘하니?

1047. 나는 수학에게 낙제 점수 받았다.

1048. 나는 두 번 월반했다.

1060. NEGATIVE (부정문)

1060. I can't wait to meet him

1061. Mind if I sit here? No

1062. Won't she come tonight? I'm afraid not

1063. That has nothing to do with it

1064. Because of the traffic jam I almost missed my plane

1065. He came very close to losing the election

1066. It couldn't be better

1067. I couldn't agree with you more

1068. Don't work too hard!

1069. Not the slightest

1070. That's close call

1071. I can't help it

1072. I don't think I can do it anymore

1073. He was nothing but trouble

*1060. NEGATIVE (부정문) (번역)

1060. 그분이 빨리 오셨으면 좋겠어요.

1061. 여기에 앉아도 될까요? 네, 앉으세요.

1062. 오늘 저녁 그녀는 못 옵니까? 네, 못 올 것 같습니다.

1063. 그런 것과는 상관이 없어요.

1064. 길이 막혀 비행기를 놓칠 뻔했다.

1065. 그는 하마터면 선거에서 질 뻔했다.

1066. 아주 잘 돼 가고 있습니다.

1067. 전적으로 당신 의견에 동감입니다.

1068. 수고하십시오.

1069. 전혀 모르겠습니다.

1070. 위기일발

1071. 어쩔 수 없었습니다.

1072. 더 이상 할 수 없을 것 같은걸요.

1073. 그는 말썽만 부렸어요.

1080. TIME (시간)

1080. Seven years ago tomorrow

1081. It's a quarter to five

1082. What day is it today?

1083. What date is it today?

1084. Did you get there on time?

1085. I'll be ready twenty minutes behind schedule

1086. The plane arrived twenty minutes behind schedule

1087. Have you set the date for the meeting?

1088. What time would be convenient for you?

1089. Anytime after five will be fine.

*1080. TIME (시간) (번역)

1080. 내일이면 칠 년째 된다.

1081. 5시 15분 전입니다.

1082. 오늘이 무슨 요일이지요?

1083. 오늘이 며칠이지요?

1084. 제시간에 그곳에 갔나요?

1085. 금방 준비할게요.

1086. 비행기가 20분 연착했어요.

1087. 회의 날짜를 잡으셨나요?

1088. 몇 시가 편하세요?

1089. 5시 이후라면 아무 때라도 좋아요.

1100. 기타

1100. What made you pick this company?

1101. What took you so long?

1102. What brought you here?

1103. What makes you so angry?

1104. I owe you an apology for my smart remarks.

1105. That's very nice of you to say so

1106. I hear you made vice president of your company

1107. I owe my success to my mother

1108. How come you are here?

1109. I wonder what's keeping him

1110. I'd like you to make the decision

1111. Let me give it you my word

1112. Yes, I give you my word

1113. I can't let you do that

1114. When do you expect her back?

1115. Who does she remind you of?

1116. Do you want me to pick you up?

*1100. 기타 （번역）

1100. 어떻게 해서 이 회사에 지원하게 되었습니까?

1101. 왜 그렇게 오래 걸렸지요?

1102. 여기에는 무슨 일로 오셨습니까?

1103. 왜 그렇게 화가 나셨습니까?

1104. 제가 잘난 척한 것을 사과드립니다.

1105. 그렇게 말씀하시니 고맙습니다.

1106. 회사의 부사장이 되셨다면서요.

1107. 제 어머니 덕택에 성공한 셈이죠.

1108. 댁이 웬일로 여기에 계세요?

1109. 그 사람이 왜 이렇게 안 오는지 모르겠어요.

1110. 당신이 결정을 내렸으면 해요.

1111. 잠깐 생각 좀 해보고요.

1112. 예, 약속합니다.

1113. 그러지 마세요.

1114. 그 여자 분이 언제 돌아오실 것 같아요?

1115. 저 여자를 보니까 누가 생각이 나죠?

1116. 제가 차로 모시러 갈까요?